CB019517

Veredas

WALCYR CARRASCO

Em busca de um sonho

Esta obra ganhou o seguinte prêmio:
Fundação Nacional do Livro Infantil e Juvenil –
Livro Altamente Recomendável –
Categoria Jovem – 2007

1ª EDIÇÃO

DE ACORDO COM AS
NOVAS
NORMAS
ORTOGRÁFICAS

MODERNA

© WALCYR CARRASCO 2006

COORDENAÇÃO EDITORIAL	Maristela Petrili de Almeida Leite
EDIÇÃO DE TEXTO	Erika Alonso
EDIÇÃO DE ARTE E PROJETO GRÁFICO	Ricardo Postacchini
CAPA	Victor Burton
DIAGRAMAÇÃO	Camila Fiorenza Crispino
COORDENAÇÃO DE PRODUÇÃO GRÁFICA	André Monteiro, Maria de Lourdes Rodrigues
COORDENAÇÃO DE REVISÃO	Estevam Vieira Lédo Jr.
REVISÃO	Sandra Lia Farah
ILUSTRAÇÕES DE MIOLO	Marina Mayumi Watanabe
COORDENAÇÃO DE TRATAMENTO DE IMAGENS	Américo Jesus
TRATAMENTO DE IMAGENS	Rubens Mendes Rodrigues
SAÍDA DE FILMES	Helio P. de Souza Filho, Marcio H. Kamoto
COORDENAÇÃO DE PRODUÇÃO INDUSTRIAL	Wilson Aparecido Troque
IMPRESSÃO E ACABAMENTO	Log&Print Gráfica e Logística S.A.
	Lote: 770781
	Código: 12050580

Dados Internacionais de Catalogação na Publicação (CIP)
(Câmara Brasileira do Livro, SP, Brasil)

Carrasco, Walcyr
    Em busca de um sonho / Walcyr Carrasco. —
1. ed. — São Paulo : Moderna, 2006. —
(Coleção veredas)

    1. Walcyr Carrasco I. Título. II. Série.

06-1218   CDD-928.699

Índices para catálogo sistemático:

1. Escritores brasileiros : Autobiografia   928.699

ISBN 85-16-05058-0

Reprodução proibida. Art.184 do Código Penal e Lei 9.610 de 19 de fevereiro de 1998.

Todos os direitos reservados

EDITORA MODERNA LTDA.
Rua Padre Adelino, 758 - Belenzinho
São Paulo - SP - Brasil - CEP 03303-904
Vendas e Atendimento: Tel. (0_ _11) 2790-1300
Fax (0_ _11) 2790-1501
www.modernaliteratura.com.br
2023

Impresso no Brasil

Para João e Angela,
meus pais.

Sumário

Introdução

Sempre me perguntam como me tornei escritor.

Ouvi muitos conselhos contra essa escolha. Meus pais levaram um susto, imaginando que eu teria uma vida difícil, repleta de problemas materiais. Queriam que eu escolhesse uma profissão, a seu modo de ver, segura, estável.

Hoje em dia, fico feliz por saber que vivo da profissão que escolhi, sem nunca ter traído meus princípios.

Com muita frequência, quando dou palestras, alguém indaga qual é a profissão ideal. Minha resposta é sempre a mesma. Em um mundo em contínua transformação, não há uma garantia de sucesso para nenhuma carreira. Uma descoberta tecnológica pode liquidar uma área profissional, ou transformá-la completamente, do dia para a noite. Ou novas carreiras podem surgir, com atividades que nem sequer imaginamos.

A única certeza que existe é a interior. A certeza da escolha feita não com um objetivo externo, em busca de sucesso, fama ou dinheiro, mas a partir de um desejo profundo de expressão pessoal.

Eu decidi ser escritor. Alguém pode escolher uma carreira completamente diferente e alcançar o mesmo nível de satisfação pessoal.

O importante é saber olhar para dentro de si mesmo e descobrir sua vocação. Não pode ser apenas um projeto de se dar bem na vida, simplesmente. Esse encontro profundo não acontecerá com quem só pensa em possíveis resultados financeiros, mas sim com um desejo especial de realização, de se aprofundar em uma área e de fazer determinado trabalho. Por isso resolvi contar a história dos meus sucessivos sonhos profissionais, até a certeza da minha vocação.

A única garantia de sucesso é gostar do que se faz. Quem gosta, faz melhor.

Amo ser escritor. Esse livro conta tudo o que fiz, pensei e planejei até encontrar minha vocação e transformar minha vida na realização de um sonho.

1. Dinheiro fácil

Meu primeiro sonho foi ser fiscal de rendas. Tinha sete ou oito anos. Era um interesse de origem prática. Mamãe montara um pequeno bazar em Marília, cidade do interior de São Paulo onde vivíamos. Típica lojinha com um pouco de tudo. Rendas, elásticos, grampos, cadernos, lápis, canetas e muitos, muitos brinquedos!

O bazar ficava na frente de nossa casa. Morávamos nos fundos, usando uma entrada lateral. Casa modesta. Aliás, modestíssima. Havia uma cozinha que também fazia as vezes de sala, com um chão de cimento vermelho. A única mesa da casa amontoava-se entre um velho fogão elétrico e um sofá caindo aos pedaços. Dividia o quarto com meu irmão mais velho. Dormíamos em um beliche. Eu embaixo, por ser o menor. De noite, ouvia os movimentos do meu irmão. Morria de medo que ele caisse em cima de mim! O que parecia bem possível, dado o estado do beliche. Bamba! O quarto do casal ficava do outro lado da cozinha. Na cama, uma bela colcha verde com motivos orientais, em tecido brilhante. Para mim, era a coisa mais linda do mundo! O banheiro ficava fora de casa, logo depois do tanque de lavar roupa. Em dias de tempestade, tínhamos que usar o guarda-chuva para escovar os dentes, fazer xixi, tomar banho. O corredor lateral, de cimento, estava repleto de latas velhas e vasos de barros com plantas – nosso pequeno jardim. Da cozinha, havia uma porta que se comunicava diretamente com o bazar. No mesmo corpo da construção, ao lado do bazar, mas sem ligação com a casa, havia uma sapataria e uma bicicletaria. Ao lado, um casarão onde vivia a família de um médico. Jardim na frente, varanda envidraçada e um batalhão de empregadas de uniforme azul quadriculado.

Embora minha mãe fosse dona do bazar, eu ganhava poucos brinquedos. Minha família era de classe média baixa. Papai trabalhava na estrada de ferro. A renda da loja contribuía para as despesas da casa. Hoje em dia, seríamos considerados pobres. Nos anos 50, era possível viver com dignidade, apesar da renda escassa. Os carrinhos, os jogos, tudo o que havia de mais lindo, ficava exposto na vitrine. Nem mesmo podia abrir as caixas. Ou mexer nos brinquedos, porque deviam continuar com a aparência de novos.

Tinha um amigo, o Zé Hélio, filho da dona do bar da esquina. Muitas vezes, ficávamos olhando os brinquedos, nas prateleiras.

— No Natal, vou pedir aquele — dizia Zé Hélio, apontando algum.

— Ah, eu prefiro o outro — eu continuava.

O fato é que a maior parte do tempo sentia falta da minha mãe. Trocaria a presença dela por qualquer maravilha exposta na vitrine.

Queria que estivesse em casa, fazendo bolos, cuidando de mim. Sendo como as mães de meus amigos! Mesmo menino, percebia a diferença. Nossa casa não era tão arrumada. As paredes não tinham quadros, fotos, nem móveis enfeitados com bichinhos de porcelana. Mamãe vivia ocupada no balcão.

Uma vez fui à casa de um amigo. Sua mãe nos ofereceu um lanche. Sanduíche de pepino com maionese! Bolo de chocolate! Tive, confesso, inveja! A comida em casa era apressada, prática, sem imaginação. Quando o movimento rareava, nos finais das manhãs e no meio das tardes, mamãe abria a porta de ligação entre a loja e a cozinha. Eu ficava no balcão, para avisar se entrasse alguma freguesa. Rapidamente, ela aprontava o almoço ou o jantar. Arroz, feijão, ovo frito. Se não chegava cliente, os ovos eram moles, gostosos, feitos com cuidado. Se vinha alguém, ficavam duros, com a clara enegrecida. Costumava esquecer a comida no fogo. Arroz queimado era um prato frequente. Até hoje gosto de raspar a panela para devorar o fundinho queimado. Enquanto ela atendia a freguesa, eu ficava encarregado de avisar se estava saindo fumaça pela tampa da panela. Os bifes costumavam ser esturricados, encharcados em óleo fervente. Às vezes, de noite, ela fazia um bolo. Quando eu pedia com insistência. Depois de um dia inteiro em pé atrás do balcão, costumava estar cansada.

De manhã, antes de abrir a loja, mamãe fazia café, esquentava leite. Mandava eu e meu irmão para o banho. Botava roupa no varal. Preparava sanduíches para levarmos como merenda. Quando não havia tempo, botava uma banana no meio de um pãozinho francês. Se acordava mais cedo, fritava um ovo. No intervalo das aulas, eu comia o sanduíche. Se tinha banana, ela ficava mole, escurecida. Até hoje adoro sanduíche de banana!

Passava muitas horas na loja com ela. Às vezes, ajudava a atender uma freguesa. Corria pegar a tesoura, papel de presente, para mamãe fazer um pacote. Ou ficava em um canto, treinando escrever meu nome – o que se tornou uma grande fonte de prazer, logo que aprendi o alfabeto.

Na estrada de ferro, meu pai era telegrafista. Hoje, nos tempos da internet, dos *e-mails,* a profissão já não deve ser tão comum. Talvez esteja desaparecendo. O telegrafista enviava mensagens através do Código Morse. É um código de sinais sonoros, que compõe palavras e letras. Através desses sinais, as mensagens eram transmitidas rapidamente, por grandes distâncias.

Mensagens sobre o funcionamento das cargas, dos trens, dos horários, dos problemas.

Quis aprender o Código Morse. Papai nunca me ensinou. Não queria um filho telegrafista. Eu e meu irmão deveríamos estudar, fazer a faculdade que ele não pôde seguir por falta de condições financeiras. Sonhava com profissões de sucesso para nós.

— Quero que meus filhos tenham o que eu não tive — afirmava.

Adorava discutir o que seríamos no futuro.

— O importante é ter uma profissão segura! — garantia.

Segurança, para papai, era sinônimo de bom salário e um cargo sem riscos de demissão. Juiz ou promotor, por exemplo.

Pobre papai! Se na época imaginasse que um filho iria escolher profissão tão temerária como a de escritor, teria arrancado os cabelos!

Bem, comecei a escrever esta história falando da minha vontade de ser Fiscal de Rendas. Que tem a ver com tudo isso? Agora é que ele entra, sua excelência, o fiscal!

Na proximidade do Natal, eu realmente perdia minha mãe. Era sua chance de faturar mais que o ano todo. As prateleiras, lotadas de brinquedos. O bazar, aberto até mais tarde. Os jantares, cada vez mais improvisados. Frequentemente, era enviado até o bar para comprar mortadela. Nossa única refeição era um sanduíche com leite e café. Não que me importasse. Até hoje adoro pão com mortadela! Meu pai ajudava na loja, quando podia. Mamãe trabalhava sem parar, sorrindo, atendendo, vendendo, recebendo, arrumando troco, embrulhando presentes. Sabia fazer pacotes lindos! As caixas de brinquedos eram envolvidas com papel de seda. Depois, vinha outra folha, com ilustrações de sinos e ramos de pinheiro e outros motivos natalinos. Arrematava com um belo laço de fita!

Decidi ser Fiscal de Rendas por conta de um senhor de cabelos brancos, pele clara e terno, invariavelmente sorridente. Passava algumas vezes por ano, sem data definida, para verificar os blocos mal-preenchidos e o livro-caixa escrito à mão. Mamãe não tinha sequer um contador pago mensalmente – isso seria caro demais para uma loja tão pequena. Vivia quebrando a cabeça com impostos, taxas. Estudara muito pouco. Aos nove anos fora ajudar a família a colher algodão. Tinha boa cabeça para números, mas deixar as contas em ordem era bem difícil, tal a selva de impostos, contribuições e taxas com que devia lidar.

Quando o Natal se aproximava, a visita do fiscal era garantida. Não vinha verificar contas. Mas retirar brinquedos sem pagar. Nos aniversários dos filhos e netos fazia um rodízio pelas lojas de sua área. Perto do 25 de dezembro, batia o ponto em todas! Chegava invariavelmente ao anoitecer. Pedia para ver os livros com a loja lotada. Mamãe entregava, apavorada. As freguesas esperavam, enquanto ela aguardava o homem virar as páginas. Ele abanava a cabeça. Ameaçava com multas impressionantes. Mamãe sorria, adulava. Não sabia exatamente o que estava errado no livro-caixa, mas morria de medo do fiscal. No fim, chegavam a um acordo. Ele concordava em esquecer as multas a troco de um brinquedo caro para sua netinha mais nova. A clientela nem se espantava. A visita parecia fazer parte da ordem das coisas. O acordo também!

Minha principal recordação é de uma noite de 23 de dezembro. O homem escolhera uma boneca enorme. Justamente a mais cara da loja, quase do tamanho de um bebê. Mamãe comprara só três delas. Eram um investimento alto para o pequeno bazar. Eu estava sentado na porta da loja, porque meus sapatos estavam apertados. Mal conseguia andar, e havia um buraco na ponta do dedão do pé direito. Meus pais não haviam tido como comprar novos. Esperava ganhá-los no Natal. Normalmente, teria preferido um brinquedo. Os moleques da rua já faziam piada do meu dedão de fora.

Além do mais, não conseguia correr, brincar, com os pés doendo. Andava com os dedos encolhidos para caberem no sapato. Por causa do aperto, ficava sentado bem quietinho no degrau que separava a loja da rua. No cantinho, para não atrapalhar a entrada dos fregueses.

Acompanhara a chegada das bonecas. Cabeças de porcelana rosadas. Cabelos loiros, com um rabo de cavalo. Eram para crianças ricas, custavam bastante!

Foi justamente uma delas que o fiscal escolheu. Lembro dos argumentos da minha mãe, sempre sorrindo, tentando convencer o homem a levar uma menor, em forma de bebê, com lábios rosados e olhos que abriam e fechavam.

— Esta aqui é grande para sua netinha! — argumentava ardilosa.

Insistia:

— A menorzinha é mais bonita!

Mamãe conhecia toda a familia do fiscal, que morava a alguns quarteirões. Ele não cedeu. Quis a grande. Finalmente, a boneca de porcelana foi embrulhada com gestos rápidos, nervosos. Mamãe despediu-se do fiscal. Ainda desejou:

— Feliz Natal!

Fiquei impressionado.

Que homem feliz devia ser aquele, que podia escolher e levar o brinquedo que quisesse! Até a boneca mais cara! Senti inveja da netinha. Imaginei sua noite de Natal. O presente seria colocado em uma árvore enorme, com bolas coloridas. De manhã, a menina abriria o pacote. Riria de felicidade, diante da surpresa. Seus irmãos também ganhariam presentes, vindos de outras lojas.

Em casa só havia uma árvore esquelética, de penas verdes, montada em um canto da cozinha. Quando mamãe preparava o jantar, o óleo da frigideira às vezes pingava nas penas. Nunca celebrávamos a noite de Natal. Após trabalhar até tarde, mesmo com a ajuda de papai, mamãe estava exausta. Só pensava em tomar banho e descansar. No dia seguinte, eu receberia um embrulho. Até dois. Algo de útil e um brinquedo, já escolhido antecipadamente.

Naquele ano, eu tinha certeza. Ganharia sapatos! Já reclamara, mostrando o dedão de fora. Ela respondera:

— Espere mais um pouco!

Os sapatos viriam no Natal, não havia dúvida!

Sonhava com um Natal de verdade, como os de meus amigos, dos vizinhos. Festas com parentes, presentes, risadas! Naqueles tempos, o peru não estava em moda. Comia-se frango recheado, arroz com passa, rabanadas. A ceia era um jantar tardio, com muita alegria, risos! Eu olhava pelo portão. Via as outras casas com as luzes acesas, parentes entrando e saindo. Ouvia músicas. Pelas janelas abertas, distinguia crianças acordadas, ouvindo a conversa dos adultos! A minha noite de Natal terminava quando mamãe me chamava. No dia seguinte, o bazar estaria fechado. No almoço, haveria frango frito. Durante a tarde, uma travessa com passas, figos secos e nozes ficaria na mesa.

Mamãe e papai fariam contas, para apurar o lucro natalino.

Aquele Natal foi pior que os outros. Só ganhei o pacote com o brinquedo. Os sapatos não vieram! Reclamei.

— Assim que der eu compro — prometeu mamãe.

Fui para o quarto, triste. Quando eu crescesse, resolvi, queria ser como o fiscal. Seus netos, certamente, não teriam sapatos apertados. Nem dedão de fora. Sim, eu seria como sua excelência, o fiscal!

Ambicionava entrar nas lojas e pegar o que quisesse! Entrar na padaria e me encher de doces! Ir à loja de enfeites da rua principal e agarrar um abajur em forma de pagode chinês que queria dar a mamãe! Tudo sem pagar!

Quando revelei meu desejo, sem explicar os motivos, papai disse ser cedo para decidir. Explicou:

— Tem que estudar bastante. Se mais tarde quiser, pode prestar concurso e se tornar um fiscal.

A solução de papai era sempre a mesma: estudar!

Como contei, ao lado do bazar, havia uma sapataria. Atualmente, são raras as daquele tipo. Usa-se mais tênis. Quando menino, eu tinha sapatos de couro. Se a sola gastava, o sapateiro botava uma nova. Ou pintava, se o couro estivesse raspado. Se o salto caía, pregava ou colava. Existiam também sapatos de plástico, no entanto, eram menos usados. A tecnologia era muito pior que hoje em dia. Provocavam um chulé horrível. Certa vez, um primo veio dormir em casa. Tirou seus sapatos plásticos. O cheiro era tão pavoroso que tivemos de colocar o par de monstrengos fora de casa, no quintal. Mesmo assim, o chulé impregnou o ar!

Sapatos eram caros. Eu só ganhava um par por ano, sempre dois números maior que meus pés. Usava palmilhas para que, à medida que eu crescesse, os sapatos não fossem perdidos. Embora nem sempre meus pés obedecessem aos limites de tempo exigidos pelo orçamento doméstico. Como naquele ano, em que o dedão havia furado o couro!

Seu Mané, o sapateiro, era um homem moreno, de cabelos pretos encaracolados, sempre de camiseta. Eu estava proibido de ficar na sapataria, ouvindo suas conversas, por causa do excesso de piadas sujas e palavrões. Além disso, ele era comunista. Falava mal do governo. Era a favor da Revolução Russa, o que soava como um sacrilégio. Naqueles tempos, dizia-se que comunistas devoravam criancinhas. O Partido Comunista era proscrito. Seus seguidores, presos. Seus membros reuniam-se secretamente.

Papai já passara maus bocados quando jovem, nas mãos da polícia política do presidente Getúlio Vargas. Em um episódio nunca bem explicado pela família, fora preso sob a acusação de distribuir panfletos esquerdistas e atuar no sindicato. Depois de solto, fazia de tudo para ficar longe de novas acusações. Queria distância do vizinho comunista!

Eu gostava de ver seu Mané batendo pregos nos saltos, pintando sapatos. Permitia que eu ficasse sentado no banquinho. Às vezes, me encarava com a boca cheia de pregos, que ia pegando para fixar no couro, um a um.

Mamãe pediu para eu levar meus sapatos para remendar o furo. Seu Mané olhou o buraco, enquanto eu esperava, só de meias. Abanou a cabeça.

— Posso colocar o remendo. Não vai durar muito. Seu pé está pedindo um novo.

Fiquei quieto. Ele cortou um pedaço de couro e começou a trabalhar. Anunciei:

— Quando crescer, vou ser fiscal!

— Por que? — quis saber o sapateiro.

— Para pegar tudo que eu quiser de graça — expliquei, com a sinceridade da infância.

Ele parou com a cola. Olhou para mim, mau-humorado.

— Acha certo?

Silenciei, sem entender a pergunta.

— Acha certo pegar o que é dos outros? — insistiu seu Mané.

— Fiscal pode pegar, não pode? — argumentei.

— Pense na sua mãe. E o prejuízo que ela levou?

Então ele sabia da história da boneca!

Lembrei do sorriso nervoso de mamãe. Argumentando para que o homem não levasse a boneca mais cara. De repente, tive consciência do medo atrás daquele sorriso.

Irritado, o sapateiro afirmou.

— É um corrupto. Em vez de fazer seu trabalho, fica achacando os comerciantes!

Não entendi. Seu Mané explicou, com paciência.

— Como fiscal, ele recebe um salário para viver. Seu trabalho é verificar o pagamento dos impostos, agir nos interesses do governo. Mas faz safadeza! Devia estar preso!

Arregalei os olhos. Um senhor tão bem-vestido, preso? Na cadeia?

— Na cadeia, sim. É o que ele merece. Aproveita o emprego para roubar gente como sua mãe. É um ladrão.

Rangendo os dentes, mas munido de certa paciência, seu Mané explicou que o dinheiro dos impostos era fundamental para construir hospitais e escolas gratuitas, como as em que eu estudava. Quando alguém roubava dinheiro dos impostos, estava tirando do povo.

— A sua mãe também estava errada em dar a boneca, mas ficou com medo. Devia ter denunciado o safado. Um dia esse país tem que tomar jeito. Lugar de corrupto é na cadeia! — esbravejou.

Terminou:

— Se ninguém aceitasse, acabava a farra. O problema é o povo que não se une!

Não entrou mais em detalhes. Não queria de fato criticar minha mãe, embora fosse contra o fato de ela ter feito o acordo. Só me abriu os olhos:

— É isso que você quer, roubar gente como sua mãe? É para isso que está estudando?

Nunca quis ser ladrão. Na igreja haviam dito que ladrões vao para o inferno. Mas, independente da questão religiosa, minha família tinha orgulho em ser honesta. Em não dever nada a ninguém. Meu pai e meu avô falavam muito em "ter um nome a zelar", embora hoje em dia essa noção possa parecer até antiquada. Não, eu não pretendia ser ladrão.

Fiquei ruminando a questão por muito tempo.

Só ganhei sapatos novos em fevereiro, quando mal podia andar de tanto encolher os pés.

Finalmente, tomei coragem. Fui falar com mamãe sobre a boneca.

— Foi um prejuízo enorme, porque tivemos que pagar a boneca de nosso bolso — explicou ela. — Com as dívidas que já tinha, e a necessidade de repor as mercadorias, não sobrou quase nada do lucro do Natal. Por isso não pude comprar seus sapatos novos, no fim do ano, nem em janeiro.

Lembrei de meus pés doloridos. Do dedão de fora. A meia saindo pelo buraco. Do remendo de couro, que não durou duas semanas. Meus amigos fazendo piadas. Agora sabia:

— A culpa foi do fiscal!

A cena da entrega da boneca ficou gravada para sempre na minha memória. O nervosismo de mamãe. A opinião do sapateiro. A sensação terrível de termos sido roubados por um homem de terno, aparência respeitável, na frente de todo mundo. Roubados, sim, por uma autoridade!

Não, eu não queria escolher uma profissão para pegar coisas dos outros! Para deixar mulheres como minha mãe desesperadas e meninos como eu sem sapatos!

Que os fiscais honestos me perdoem. Há muitos, e tive a felicidade de conhecer alguns.

Desisti de ser fiscal!

2. Fabricante de cosméticos

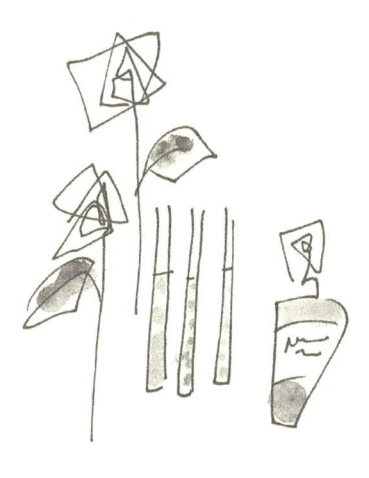

Lá pelos dez anos resolvi ser químico industrial. A motivação era um brinquedo do bazar de mamãe, que lutei bravamente para ganhar. Uma caixa com um garoto de óculos, sorriso de orelha a orelha, cercado por tubos de ensaios. Chamava-se "O pequeno químico". Quando pude abrir a caixa, me deliciei com o cheiro dos produtos. Havia também um livrinho de regras, para experiências. Verdade seja dita: a pouca importância que mamãe dava aos cuidados domésticos facilitava minha vida de menino. Enquanto em outras casas era proibido brincar, eu podia me divertir no chão de lajotas de cimento vermelho da cozinha-sala. Só estava proibido de pular no sofá, que tinha um pé arrebentado. Minha tia Rosa, irmã de papai, em outra cidade, cobria os sofás com plásticos, encerava a casa toda durante a semana e raramente permitia que alguém pisasse em seu lustroso assoalho de tábuas. Até visitas mais íntimas eram recebidas na cozinha. Crianças não podiam se aproximar dos sofás.

Mamãe não! Mal manifestei minha nascente inclinação para a Química, ela e papai botaram um caixote em plena cozinha-sala. Ficava sentando em um banquinho, misturando anilinas em tubos de ensaio. Ou alguns dos produtos que vieram com o jogo. Percorria as farmácias em busca de frascos vazios, que lavava cuidadosamente. Fervia. Inventava perfumes, a partir da escassa maquiagem de mamãe, que surrupiava enquanto ela trabalhava no bazar. Consegui rosas no jardim da vizinha, que macerei com álcool. Mamãe aspirava o preparado. Dizia ser delicioso, apesar das pétalas apodrecendo no fundo.

Comprei anilina azul. Convenci mamãe a fazer cocadas em um fim de semana. Eu mesmo achei a receita em um livro. Tingi a massa. Ficaram estranhíssimas, as tais cocadas azuis. Eu me sentia o máximo. Pegava as cocadas e saía pela vizinhança.

— Adivinha que doce é esse?

A pessoa olhava, olhava e olhava aquele esquisitíssimo doce azul cortado em cubos. Tentava disfarçar, sem saber do que se tratava. Eu teimava até que experimentasse. Aterrorizada, a vítima botava um pedacinho na boca.

— Cocada? — suspirava com alívio.

— Cocada! — eu revelava, vitorioso.

Um amigo da família, o senhor Parra, imigrante espanhol, emprestou todos os livros de um curso por correspondência que havia feito. Ensinava a fazer sabão, sabonete, perfumes. O único problema era não haver onde adquirir o material naquela cidade, na época muito pequena. Li os livros várias vezes. Não realizei nenhuma experiência. Mas brincava de derreter restos de sabonete para fazer novos! O segredo, logo descobri, era o banho-maria!

Para minha surpresa, no final do ano, meu irmão Airton, quatro anos mais velho, anunciou:

— Quero estudar Química Industrial.

Achei que havia alguma coisa errada. Eu seria o químico! Ele nunca brincara em meu laboratório. Jamais tocara no assunto! Nem tive tempo para ter ciúmes. A família entrou em franca atividade.

Papai realmente acreditava que o estudo era a única forma de fazer com que os filhos tivessem uma vida melhor. Nunca se importou com carros ou outros luxos. Cadernos, canetas e material escolar nunca faltaram! Todos os seus pequenos recursos aplicou em nossa educação. E, também, no sonho da casa própria. Meu irmão queria ser químico? Pois seria!

O curso de Química Industrial, então, era profissionalizante, oferecido da quinta a oitava série. Não existia em nossa cidade. Através de parentes, investigou-se que havia uma excelente escola em São Paulo. Particular.

O valor era alto para nós. A família não mediu esforços. Aos catorze anos, meu irmão foi morar na casa de tios, em São Paulo. Papai pagava uma pequena pensão, pois meus parentes estavam ainda em pior situação financeira. Tia Vicenta, irmã de mamãe, tinha oito filhos! Da casa dos meus tios à escola era longe. Meu irmão dispôs-se a andar vários quilômetros por dia, para economizar. Conseguiu comprar o material para o primeiro ano em sociedade com outro estudante. Matriculou-se.

Em casa, as coisas ficaram difíceis. Mamãe botou o bazar à venda. Fez um bom negócio. Comprou dois sobradinhos, com dois apartamentos em cima e quatro lojas embaixo. Havia uma mecânica de motos, uma tinturaria, um bar e uma livraria religiosa, criada por duas missionárias evangélicas. Uma inglesa, outra sueca. Aluguéis baratos. Dinheiro contado. Papai tentava entrar em negócios mais promissores, comprando e revendendo sacas de café em grão. Um bom início, mas os lucros eram mínimos. A escola e o sustento de meu irmão nos faziam viver na ponta do lápis. Não tínhamos telefone, televisão, nem sabíamos o que eram roupas de grife. Vivíamos com o mínimo.

Tive a esperança de ganhar algum dinheiro com minhas atividades na área da perfumaria. Na nova casa, havia um terraço coberto. Foi onde instalei meu laboratório.

Meu primeiro produto foi um laquê. Que eu saiba, o laquê foi atualmente substituído pelo fixador.

Na época, eram comuns os penteados femininos altos, erguidos sobre a cabeça. Algumas mulheres recheavam o cocoruto com palha de aço, dando aos cabelos uma aparência montanhosa. Vendo as fotos de antigamente, tenho a impressão de que se tornavam bem parecidos com repolhos!

A função do laquê era fixar o penteado. Parecia cola. O cabelo tornava-se tão duro quanto uma carapaça de tartaruga. Se pego entre os dedos, grudava! Os homens lançavam mão de um produto equivalente. Uma pasta de goma. Bastava passá-la no pente para os cabelos, ao secarem, ficarem duros como espetos!

Jamais saberei como consegui. Misturei o conteúdo de vários vidros e alguns produtos do "pequeno químico". Não tenho certeza, mas suspeito que até goma arábica! Criei um laquê. Grudento. Poderoso como qualquer outro. Corri até a casa da minha avó materna, Francisca, a dois quarteirões de distância. Imigrante espanhola, minha avó jamais botou uma gota de laquê. Usava os cabelos puxados para trás, em um coque atrás da cabeça.

Cheirou. Pegou entre os dedos e me elogiou. Como de praxe.

Sai correndo feliz, sem perceber que o vidro se tornara um tanto escorregadio.

Minha próxima parada foi na cabeleireira japonesa em frente ao antigo bazar de mamãe. Pretendia vender o laquê. Mostrei orgulhoso. Ela testou com os dedos.

— É mesmo laquê! — surpreendeu-se. — Como você fez?

— É segredo! — disfarcei, pois não tinha a mínima ideia.

Ergui o vidro, orgulhoso.

Deslizou das minhas mãos. Espatifou-se no chão!

A cabeleireira foi solidária.

— Que pena!

Fiquei olhando o laquê escorrer pela calçada. Que decepção!

Desisti de ser químico. A indústria prestes a nascer desapareceu no ato!

Talvez tenha sido uma sorte. Acabaria convencendo minha mãe a testá-lo.

Seria terrível deixar a própria mãe careca!

3. A máquina de escrever

Pouco tempo depois, um acontecimento transformou minha vida!

Tinha uma vizinha, Heloísa cujo pai, professor, comprara várias coleções encadernadas. Guardava-as em uma estante de madeira e vidro. Uma delas, a de Monteiro Lobato. Adulto e infantil. Livros encadernados em verde. Heloísa me emprestou o primeiro, *Reinações de Narizinho*.

Eu já lera alguns livros antes. No final do primeiro ano escolar, ganhara uma versão de *Simbad, o marujo*. A descoberta dos livros de Monteiro Lobato, com seus personagens criativos, e a mistura de realidade e fantasia, mudou minha vida. Narizinho era uma menina que morava no Sítio do Picapau Amarelo, com sua sábia avó, Dona Benta, e uma fiel empregada negra, Tia Nastácia.

Seu primo Pedrinho vinha visitá-la. Tudo o que cercava a vida das crianças ganhava uma qualidade mágica. Um sabugo de milho virava um visconde. O porquinho, o Marquês de Rabicó. A principal personagem era a boneca de pano de Narizinho, Emília. Engolia uma pílula e aprendia a falar. Mostrava-se cheia de ideias, teimosa e com forte personalidade. Uma virada na literatura infanto-juvenil brasileira, os livros foram adaptados mais tarde, com grande sucesso, para a televisão.

Ler as aventuras das personagens do Sítio do Picapau Amarelo equivaleu, para mim, a tomar a tal pílula falante oferecida à boneca. O próprio Lobato dizia que Emília "não tem papas na língua".

Assumi a personalidade da Emília, para terror de mamãe!

Tornei-me cada vez mais cheio de ideias. E de respostas!

Assustada, ela também leu os livros, para tentar entender o que havia. A partir daí, lamentava-se:

— Ele era um, agora é outro. Culpa da Emília!

Fascinado pelos livros, decidi: eu me tornaria escritor.

Bem, a verdade é que não tinha a mínima ideia do que significava ser escritor. Só que... escreveria livros! Em um dos textos, Lobato aconselhava: para escrever bem, é preciso ler muito. Passei a devorar qualquer texto que me caísse na frente. Quando revelei minha nova vocação, papai gemeu:

— Escritor morre de fome!

Não importava. Eu queria criar histórias!

Passei a tirar notas excelentes em redação. Escrevi meu primeiro romance, cujo original, lamentavelmente, mais tarde perdi. Era a história de uma velha, chamada Plácida. Não me lembro da trama. Só que no final a fiel empregada roubava o colar do pescoço da morta. (Essa lembrança é um dos motivos pelos quais acredito que as pessoas já demonstram o que são desde cedo. Sempre tive um pendor para vilões e vilãs). Minha segunda façanha literária ocorreu em plena classe, durante um exercício de redação. Debulhei a história de uma professora seduzida, grávida e abandonada. Entreguei à professora. Alguns dias depois, ela me convenceu a trocar o trabalho. Avisou a orientadora do colégio. Era justamente a esposa do médico, nosso antigo vizinho da época do bazar. Velha conhecida da família, foi visitar mamãe. Advertiu que eu deveria estar lendo livros imorais.

Foi o suficiente para a censura baixar. Eu havia me tornado sócio da Biblioteca Municipal. Retirava todos os livros cujos títulos me impressionavam, sob o olhar complacente de um bibliotecário que era, também, poeta.

— Você está lendo cada coisa, hem?! — dizia, ao botar os volumes nas minhas mãos.

Claro! Deleitava-me com extensos relatos sobre garotas seduzidas, *ladies* perversas, envenenadoras, meretrizes, ladrões, condessas *sexies*, barões gaviões. Meus pais, pouco conhecedores de romances, só batiam os olhos nos títulos. Muitas vezes, inocentes. Se não fossem, eu os escondia embaixo dos livros escolares! Assim, devorei todo Jorge Amado, com suas cabrochas sensuais. Ficava no quarto, trancado, orelhas em fogo... e já sentindo algumas sensações um tanto surpreendentes enquanto os personagens rolavam nas camas, nas plantações de cacau ou em qualquer lugar onde houvesse oportunidade! Também li todo o francês Guy de Maupassant, um clássico, mas que em boa parte dos contos fala da vida das cortesãs na antiga Paris. Dediquei-me à História. Principalmente aos reis luíses da França, e suas aventuras extraconjugais. Conhecia a vida de Maria Antonieta. De Cleópatra. E de um bando de rainhas sedutoras!

Ao descobrir que andava criando histórias sobre professoras grávidas, meu pai resolveu intervir. Fui proibido de terminar *O Conde de Montecristo*, de Alexandre Dumas, um livro inocentíssimo! É a história de um homem acusado de um crime que não cometeu. Perde tudo, até a noiva. Vai preso. Foge de forma rocambolesca. Descobre um tesouro. Volta rico, para se vingar de quem lhe fez mal.

Na sequência, também fui proibido de ler uma coleção de *As mil e uma noites*, que descobrira na casa de uma vizinha. Encadernada em vermelho com bordas douradas. Capaz de deixar qualquer garoto em chamas!

Na versão mais conhecida, o rei, ao ser traído, resolve matar uma esposa por noite. Sherazade casa-se com ele decidida a salvar todas as jovens do país. Como? Contando uma história a cada madrugada. Quando amanhece, sempre está em um ponto especial. Curioso para saber o fim, o rei sempre termina lhe concedendo mais um dia de vida. Na noite seguinte, Sherazade termina a história anterior, começa outra, e atinge o ápice ao raiar do Sol. Além disso, muitas histórias se encadeiam em outras, de forma a manter sempre a curiosidade. Ganha mais um dia novamente. E assim por diante. Ao final, o rei se descobre apaixonado. Retira a sentença de morte!

Bem... na versão que eu descobrira, Sherazade não se contentava em contar histórias! Requebrava na dança dos sete véus. Ficava nua! Fazia o sultão suar frio. Suas personagens também. Odaliscas viviam peladas, gênios saíam das lâmpadas animadíssimos e mergulhavam em orgias!

Lia com o rosto corado, suspirando a cada descrição!

Admirada com o excesso de suspiros que vinham do quarto e com minhas olheiras após cada inocente tarde de leitura, mamãe pegou um exemplar. Abriu a primeira página. Bem... o caso é que bastava ler os primeiros parágrafos... a tal versão ia logo ao que interessava. Exclamou:

— Ah!

Fechou o livro:

— É isso que está lendo? Em vez de estudar, fica pensando em bobagem?

Foi falar com a vizinha que emprestara a coleção. A ingênua senhora comprara os livros por gostar das capas de couro vermelhas com motivos orientais dourados. Enfeitavam a estante da sala. Imaginava serem contos de fadas. Jamais abrira um único exemplar.

As mil e uma noites foram confiscadas.

Mamãe, sim, leu cada volume. Passava as tardes sentada, olhos presos nas páginas. Às vezes suspirava, girando os olhos como uma odalisca. Estaria pensando em papai como um sultão? Reclamei:

— A senhora pode e eu não posso?

— É leitura para adultos!

Ah, que raiva!

Fui à casa de um amigo. Lá estava sua mãe, as pupilas fixas, mergulhada em outro volume. Logo descobri. Todas as senhoras do bairro andavam em brasas com as aventuras de Sherazade! Às vezes, eu as ouvia cochichando, aos risinhos.

— Viu o que ela fez para garantir mais uma noite com o sultão? Que safada!

Quando percebiam que eu estava por perto, me expulsavam.

— Sai pra lá, moleque. É conversa de gente grande!

Gargalhavam de tanto entusiasmo!

Meu sonho em ser escritor poderia ter acabado com a visita da orientadora. Ou ao ser expulso do quentíssimo reino das mil e uma noites! Se não fosse um colega de classe, José Antônio. Meu melhor amigo na época. Possuía uma máquina de escrever!

Resolvemos criar uma novela e botar capítulo por capítulo no mural da classe! Chamava-se *O satânico dr. Nu,* inspirada em um filme de espionagem com o agente 007, James Bond. Um sucesso na época. Era o espião com licença para matar, sempre cercado de inimigos poderosos e belas mulheres!

Escrevíamos um capítulo por dia, usando os colegas da classe como personagens. Eu e José Antônio éramos, na história, os detetives. Cada episódio envolvia algum companheiro revoltado, sempre suspeito de um crime fictício. Quando os moleques mais velhos estavam a ponto de nos dar uns tapas, terminamos. Descobriu-se o culpado: era Arthur, um garoto gordinho e bravo. Pela única vez na vida, consegui fazer uma caricatura. Era o próprio, bochechudo e de cabelos espetados. Botei no mural, junto com o último capítulo. As professoras aplaudiram a criatividade. Arthur ficou uma fúria.

Nossa primeira experiência literária, minha e de José Antonio, fora deliciosa!

Tive certeza: no futuro, seria escritor!

A dupla separou-se. José Antônio continuou escrevendo suas histórias à máquina. Tentei executar as minhas à mão. Minha letra já era e continua sendo pavorosa. A concorrência disparou. Vários colegas resolveram escrever novelas.

Passei a sonhar com uma máquina de escrever. (Estou falando de um tempo onde nem se imaginava o computador doméstico. Máquinas de escrever eram o que havia de mais moderno em tecnologia. Havia um conjunto de teclas de metal. Um carretal de fita com tinta. Um rolo, onde se encaixava a folha de papel. Escrevia-se folha a folha. Se fosse necessário corrigir, para se ter uma boa apresentação, muitas vezes devia-se datilografar toda a folha outra vez.)

Datilografar! Como o termo parece antigo, sem significado, hoje em dia. No entanto, durante a maior parte da minha vida profissional, só máquinas de escrever eram usadas. Quero fazer um parênteses, para dar uma ideia. Muito mais tarde, quando era jornalista, surgiram os primeiros computadores domésticos no país. Creio que nos anos 80. Entre meus conhecidos, fui o primeiro a ter um. Certo dia, na redação, comentei com um repórter: "Um dia, não haverá mais máquina de escrever!" Ele espantou-se: "Impossível. Ninguém vai se acostumar com esse negócio!"

Eu desejava ter minha própria máquina. Escrever histórias como Lobato. As máquinas eram caríssimas. Tratava-se de um sonho sem esperança. Às vezes, passava diante de uma loja para namorá-las. Sentia o cheirinho de novo de cada uma. Admirava-as.

Papai foi viajar, a trabalho. Ouvi quando abriu a porta lá embaixo. Subiu as escadas — morávamos na parte de cima do sobrado, nessa época.

— Olha o que trouxe para você.

Era uma máquina. O modelo mais barato, portátil.

Mas minha! Era a coisa mais linda que já vira. Comprara a prestação, em dez vezes.

— Vai ser útil — explicou papai.

Suas palavras procuravam explicar o gesto, como se fosse algo prático. Por trás delas, percebi sua emoção. Eu era seu filho, e queria o melhor para mim. Por mais difícil que fosse, estava disposto a fazer qualquer sacrifício para que eu me tornasse alguém. Mesmo que não entendesse bem essa história de ser escritor. Sabia que, para mim, era um sonho. Meu coração bateu mais forte. Mais que tudo, a máquina de escrever era uma prova de amor. Nunca, nunca esqueci aquela tarde em que papai subiu as escadas, na penumbra, com a máquina portátil na mão, e me entregou, dizendo:

— Pra você.

4. Criador de aranhas

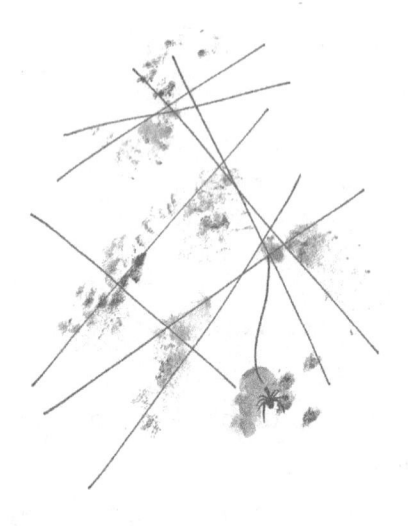

Minha carreira literária, porém, tornou-se duvidosa nos meses seguintes. Já não sabia se desejava, realmente, ser escritor. Descobrira uma nova vocação. Tinha treze anos e queria ser um cientista! A responsável foi uma nova professora, dona Thelma, de Ciências. Era uma senhora gordinha, animada e ousada. Na época, mamãe tivera outro filho, Ney, doze anos mais novo do que eu. Destronado do posto de caçula, eu sentia ciúme com todas as atenções da casa voltadas para o bebê.

No início, tinha pavor da professora Thelma. Não permitia que a gente decorasse. Em suas provas, as questões exigiam um raciocínio árduo, para descobrir soluções. Aceitava, inclusive, respostas diferentes das suas, desde que criativas. Obviamente, tornou-se um terror entre os alunos. Nossa amizade começou quando ela deu uma prova com a questão:"para que serve a água". Desejava uma resposta científica, que já não lembro qual era. Respondi a questão corretamente, de acordo com a aula, e acrescentei:"para beber, para tomar banho..."

Ao me devolver a prova, confessou:

— Pensei em dar zero, você foi muito atrevido.

Reparei uma boa nota, escrita com tinta vermelha. Sorriu.

— Meu marido é professor de Literatura na faculdade. Mostrei para ele... e me convenceu que você estava certo. A água também serve para tudo o que você escreveu.

Desde então, me tratava sempre com um sorriso.

Dali a algumas semanas, eu estava na fila do cinema. Enorme. Quando estava quase no guichê, dona Thelma apareceu com o filho. Pediu que eu comprasse suas entradas. O porteiro avisou:

— É proibido furar fila!

Eu me saí com a frase:

— Mas é minha mãe!

— Se é mãe, pode — disse o homem, vexado.

(Por essas e outras é que suspeito ter tido, sempre, também uma enorme vocação para vigarista. Como nunca tive tal sonho, jamais exerci essa profissão. Não vou detalhar o assunto. Pois quem sabe eu poderia escrever agora minhas memórias de vida na prisão!)

Ganhei fama de presença de espírito. Às vezes brincava, chamando a professora de mãe. Ela correspondia, me tratando com carinho. Emprestava-me livros. Conversava comigo de igual para igual. Acabou me convencendo a estudar a evolução das espécies. Descobri como era delicioso me dedicar a uma pesquisa. Durante um mês, estudei os voos das andorinhas, e como seu corpo era adaptado para percorrer longas distâncias na época da migração. As asas, os ossos... Apresentei o trabalho em classe, como se fosse o professor!

Comecei a ler sobre as teorias de Darwin. Segundo a qual todos os seres vivos evoluem através da sobrevivência dos mais aptos. Para mim, era fonte de inegável diversão. Uma das mais importantes afirmações de Darwin é que o homem também é fruto de um processo de evolução. Descende de primatas. Outras espécies existiram, antes do *Homo Sapiens*. Como o *Neanderthal*. Mais tarde aprendi que o tema é bem complexo, e os estudos, em busca de um elo perdido entre nós, humanos, e os primatas, continuam a ser feitos. Bem como escavações em busca de crânios milenares. De acordo com as ilustrações dos livros que encontrei então... esses ancestrais eram bem parecidos com... macacos!

Que delícia! Nas horas vagas, eu descia do sobrado onde vivíamos até a livraria das missionárias. Afirmava, de peito estufado:

— O homem veio do macaco!

Dorothy, a inglesa, olhava-me como se estivesse diante do capeta.

— Não, não! A Bíblia diz que o mundo foi criado em seis dias e no sétimo Ele descansou!

Minha personalidade do contra queria provocar confusão. Não sabia em que acreditava, na verdade. Adorava ouvir os gritinhos horrorizados das missionárias. Ainda tenho o livro com que uma delas me presenteou diante de tais declarações: "A teoria dos átomos à luz da Bíblia". Texto simples, para adolescentes.

Dias depois, aproximava-me do balcão.

— As espécies se aperfeiçoam através da seleção natural!

— Não, não!—bradava a missionária sueca, Ingrid.

Hoje em dia essas ideias continuam a ser discutidas. Tanto do ponto de vista científico como do religioso.

Fui visitar Heloísa e contei a discussão para o pai dela, seu Renato. Ele abanou a cabeça.

— Elas não se importam com a religião, na verdade. Não são missionárias.

— Ahn?

— São espiãs. Agentes dos americanos. Estão aqui para fazer relatórios sobre o país. Para nos vigiar — explicou em tom conspiratório.

Ia muito ao cinema. Já assistira a muitos filmes policiais. Pensei no assunto. A livraria vivia vazia. Mal havia alguns livros dispersos nas prateleiras! Não sabia sequer que igreja frequentavam. Talvez fossem mesmo espiãs. "Mas o que andam espiando por aqui?"— surpreendi-me. A cidade era calma, pequena, quase nem havia gente nas ruas. "Qual o motivo? Que interesse têm os americanos na vida da gente?"

Já estávamos na época do governo militar. O golpe de março de 64 ocorrera poucos meses depois que fiz doze anos, em dezembro do ano anterior. Vivíamos com medo. Não só porque papai fora preso durante o governo de Getúlio Vargas, há anos. Também por vovô, pai de mamãe. Imigrante espanhol, radical, considerava-se comunista ferrenho. Quando lhe dava na telha, saía na rua. Gritava, diante das vizinhas sentadas em cadeiras na calçada e crianças brincando de bola.

— Viva o Comunismo! Viva a Rússia!

Morávamos na esquina. Mal ouvia os gritos, mamãe saía correndo. Junto com vovó, tentava puxá-lo para dentro de casa.

— Vem, pai, pode ser preso!

Ele gritava mais alto:

— Abaixo os militares!

Era do contra, como eu. Ou sou como ele. Fazia escândalo ao menos uma vez por semana.

— As espiãs podem denunciar seu avô! — avisou seu Renato.

Fiquei apavorado. Falei com mamãe.

— Tem que fazer o vovô parar de gritar.

Ela abanou a cabeça.

— Seu avô é impossível. Teimoso. A sorte é que é velho, ninguém vai prender.

Seu Renato, o pai de Heloísa, tornara-se meu aliado.

Talvez por isso eu tenha provocado mais uma tremenda confusão, que quase acabou com seu casamento!

Entusiasmado com meu interesse, papai resolveu investir na minha carreira científica.

— Quem sabe ele resolve até ser médico! — comentou com mamãe, à noite, no quarto. — E para com essa bobagem de ser escritor?

— Médicos vivem bem! — concordou mamãe. — Só não gosto da profissão porque mexem com sangue. Se eu tivesse que ver sangue desmaiava.

— Na faculdade eles acostumam — explicou papai.

— Os professores fazem os alunos beijar esqueletos para perder o nojo.

Ouvindo os murmúrios, comecei a ter arrepios com a ideia de ser médico. Lamber esqueletos. Esse não era meu maior interesse. Ganhara uma nova coleção de livros. Papai comprara, novamente a prestação, de um vendedor que aparecera na estação ferroviária. Um dos volumes falava das origens da humanidade. Quando me entregou, fez uma observação:

— É melhor do que ficar lendo safadezas — disse, referindo-se às fogosas mil e uma noites.

Não tenho mais o livro. Pelo que me lembro, era dos bons. Levantava a tese de que o *Homo Sapiens* teria se originado na África — bem aceita atualmente. Ou seja, os primeiros exemplares da espécie humana teriam surgido na região. Seriam negros. Fui correndo, de livro em punho, mostrar para seu Renato. Afinal, era meu aliado! Queria compartilhar todos meus novos conhecimentos com ele!

Ainda lembro. A família estava reunida na sala, tomando um lanche da tarde. Dona Dulce, a mãe, seu Renato, Heloísa, Fernando e Mané, os filhos. Cheguei aos pulos.

— Olha o livro! Sabe o que eu descobri? Os brancos descendem dos negros!

Mostrei. Lá estava a ilustração de um ser bastante peludo. O primeiro homem. Africano. Seu Renato fechou o volume, furioso.

— Que bobagem é essa? Os brancos não vieram dos negros de jeito nenhum!

O caso é que sua esposa, dona Dulce, era filha de uma mulata. Ela própria tinha a pele morena e o filho, Manoel, lembrava muito a avó. A mulher ergueu-se.

— Se os brancos tiverem vindo dos negros qual o problema? Você tem alguma coisa contra?

O pai começou a esbravejar, falando de uma suposta superioridade dos brancos. A mãe chorava.

— Mas e eu... por que casou comigo, se minha familia é negra?

Até então, não sabia que o marido fosse racista!

— Você podia ter tido um filho negro! — acusou.

Seu Renato respondeu ainda mais bravo. O filho mais velho chorava.

— Eu devia ir embora daqui agora mesmo. Fazer as malas e voltar para a casa da minha mãe no Rio de Janeiro! — ameaçava a mãe.

— Não, mamãe, não! — chorava Heloísa.

Eu quieto no canto, ouvindo as trovoadas.

A crise continuou. Naqueles tempos, desfazer um casamento era menos comum que hoje em dia. Dona Dulce foi falar com mamãe.

— Eu não sabia das ideias do Renato! Só descobri por causa desse livro. Se não fosse pelos meus filhos, largava o meu marido. Largava!

Mamãe me olhou, pasma. Tentei fazer cara de inocente. Era impossível. Nem eu mesmo sabia como desencadeara tal furacão.

De noite, com o livro no centro da mesa, o bebê brincando em um cercadinho, papai e mamãe resolveram falar seriamente:

— Tem que parar de ficar dizendo essas coisas.

— Veja, o livro diz. O negro veio antes do branco!

Abri o livro. Mostrei o hominídeo peludo.

— Aqui diz. Na África. Os homens tinham pele escura para se proteger do sol. Quando foram para a Europa, mais fria...

— Chega! — disse papai. — Não viu a mãe da sua amiga chorando?

— Porque não vai brincar de bola, com os outros meninos? — gemeu mamãe.

Fui proibido de ir à casa de Heloísa, para evitar confusão. Às vezes, observava as missionárias, com vontade de investigá-las. Sem o apoio de seu Renato, fui perdendo o entusiasmo em descobrir as espiãs. Nunca vou esquecer como o homem ficou bravo, e durante algum tempo não voltei na casa da família.

Também descobrira novo interesse científico. Desistira de ler teorias sobre a evolução das espécies e parti para a parte prática.

Resolvera criar aranhas!

Nas aulas de Ciências, eu vira pela primeira vez uma célula em um microscópio. Ficara impressionado com a beleza. Durante semanas, catava folhas e pétalas para levar até o laboratório. Dona Thelma estimulou meu interesse. Contou que os cientistas costumavam criar animais em cativeiro, para estudar seu comportamento.

— Treinam ratos em labirintos... para ver se aprendem a sair.

— Puxa! — exclamei, espantado.

— Quando fiz a faculdade, um professor construiu um formigueiro dentro de uma caixa de vidro.

— Puxa! Puxa!

Arrumei uma caixinha de plástico transparente. Saí em busca de formigas. Havia algumas saúvas nos vasos de mamãe. Levei uma picada. Botei o dedo na boca. Chupei. Não seria nada fácil caçar dez saúvas! De repente, vi uma aranha de pernas altas e finas correndo pelo chão. Decidi. Botei a caixa em cima, em um só golpe.

A aranha ficou correndo de um lado para a outro, tentando sair. Esperei. "Mas essa aranha não para?!" —

irritei-me. Logo descobri que era sim, incansável. Com muito cuidado, enfiei a tampa por baixo. Fui fechando a caixa! Dali a pouco, a aranha estava presa. Continuava correndo sem parar, mas era tarde demais!

Arranquei uma lasquinha da caixa, para entrar ar. Com cuidado, fiz passar dois grãos de café verdes. Mamãe costumava comprar café a granel, torrar e moer, deixando a casa toda com aquele cheirinho bom. Em seguida, um pouquinho de terra e água. Joguei mais terra, para formar um montinho e impedir a aranha de se afogar. Ela instalou-se no pequeno morro, sobre os grãos.

Por incrível que pareça, sobreviveu. Os grãos emboloraram. Achei que vivia do bolor. Eu a observava todos os dias. Ficava no meu quarto. Mamãe, horrorizada.

— Joga fora essa aranha!

— Não, mamãe, é uma experiência científica.

Ela agarrava o bebê, com medo de que a dita cuja fugisse.

De noite, ouvia meus pais conversando baixinho.

— Andei sabendo. Parece que os cientistas criam mesmo animais, insetos...

— Justo aranhas? — lamentava-se mamãe.

— Pelo menos é melhor do que ficar atormentando as missionárias, que são nossas inquilinas! Ou provocando briga entre os vizinhos! — avaliava ele.

Descobri que surgira uma bola nas costas da aranha. Imaginei: "o que poderia ser?"

Em breve, descobri. A bola estourou. Nasceram muitas aranhinhas. Eu havia capturado uma aranha grávida! Fiquei orgulhosíssimo!

Agora sim, tinha uma enorme criação! Todos os dias observava mães e filhas. Eu me sentia um grande cientista!

Notei algo estranho. O número de filhas diminuía. No início, não conseguia contá-las. Agora, já percebia: havia muito menos aranhinhas do que antes. Também estranhava o fato da mãe e da prole viverem correndo de um lado para o outro, sem descanso. "Será que aranhas não dormem?" — imaginei.

Fugir, não fugiam. Havia tapado o buraco, deixando uma fresta mínima para entrar ar. Com o coração apertado, descobri que minha população estava prestes a desaparecer. O que estaria acontecendo?

Certo dia descobri o motivo. De olho na caixa, vi todas correndo sem parar pelas paredes. A mãe esticou uma das pernas. Agarrou uma filha. Engoliu. As outras correram assustadas, velozes sobre o plástico transparente.

Foi um choque.

A mãe devorava as filhas!

A dieta de grão de café embolorado era um engodo. A malvada vivia de devorar aranhas-bebês! Tomado de fúria, joguei a caixa no chão. A tampa se abriu. Pisei na assassina, que tentou fugir pelo chão. As pequeninas partiram. Uma delas correu até a sala, próxima ao quarto onde mamãe passava roupa e subiu por suas pernas. Ela gritou, largando o ferro e queimando uma camisa. Berrava como se estivesse sendo devorada, ela própria.

Não entendi como podia ter medo de uma coisinha tão pequena!

Dois vizinhos vieram correndo, certos de que era ladrão ou incêndio!

Quando papai chegou de noite, houve uma conversa séria:

— Você precisa criar juízo! Sua mãe quase morreu de medo. Nunca mais invente de criar aranhas.

— Nem baratas, ratos, pernilongos, abelhas ou vespas! — completou mamãe.

Silenciei, emburrado!

Foi o fim de minha carreira científica!

De fato, estava decepcionado com o comportamento da mãe-aranha.

O mundo animal era muito mais cruel do que eu pensava!

5. O truque do Esperanto

Com a venda do bazar, papai iniciou um novo negócio. Comprava e revendia sacas de café em grão. Vacas gordas, finalmente! Chegamos, inclusive, a comprar uma bonita casa, para onde nunca nos mudamos. Papai levou um golpe. Ficou com uma porção de cheques sem fundo na mão. Pior: endividou-se. Emprestara dinheiro dos vizinhos para ampliar a empresa. Manteve apenas seu modesto emprego como ferroviário. Meu irmão já vivia em São Paulo, onde terminava o curso de Química Industrial. Mudamos de cidade, literalmente com uma mão na frente e outra atrás.

Airton, meu irmão mais velho, conseguiu se livrar por pouco do serviço militar obrigatório. Foi nossa sorte. Precisávamos que trabalhasse para ajudar nas despesas da casa. Havia passado no vestibular. Não pôde fazer faculdade. Arrumou um emprego. Fomos morar em uma casa alugada, em um bairro paulistano. Fiz um exame de admissão e consegui uma vaga em um colégio público. Na época, era uma escola famosa por ser ligada à Faculdade de Pedagogia da Universidade de São Paulo. Investia em técnicas inovadoras de ensino. A minha única referência para escolher o colégio, porém, fora a informação positiva de meu irmão. Airton ouvira dizer que era "bom".

Minha vida mudou completamente. Andava uma ladeira íngreme para pegar o ônibus. Demorava uma hora e meia para chegar na escola. Até então a vida fora difícil, mas não tivera consciência. Morar no interior era simples. Não tínhamos tantas necessidades. Ia ao colégio caminhando. Todos os meus colegas tinham uma situação financeira parecida com a minha, com exceção de uns poucos filhos de fazendeiros ou donos de fábricas. Agora eu via a diferença. Meu colégio era muito mais famoso do que podia imaginar. Muitos dos meus colegas eram ricos, pois suas famílias haviam se interessado pela fama do ensino experimental. Era, de fato, um dos mais concorridos da cidade! Na classe, havia uma mescla. Filhos de industriais, grandes comerciantes, como também gente de classe média e pobres como eu.

Em casa, mal havia dinheiro para um litro de leite por dia, dado prioritariamente a meu irmãozinho. Eu tinha direito a uma caneca no café da manhã. Não havia como comprar os livros escolares. Só pude consegui-los a prestação, e mesmo assim, seis meses após o início das aulas. Só possuía uma blusa azul de frio, tricotada por mamãe. Nos dias de inverno, o vento entrava pelos poros. Não tinha coragem de pedir uma nova. Mamãe tentava ganhar um extra bordando toalhas e tricotando blusas para fora. Conhecer, não conhecia quem pudesse comprar. Helena, a moça que morava conosco desde menina, fazendo trabalhos domésticos, teve que partir. Não havia como sustentá-la. Minha família aceitou dois pensionistas, meu primo e um amigo, ambos de uma pequena cidade do interior. Vieram estudar em São Paulo. Meu primo recebia mesada do pai e comia lanches fora, já que a qualidade da comida de casa não era das melhores. Meu irmão trabalhava para ajudar nas despesas. Todo dia de manhã pegava duas conduções até uma fábrica, levando o almoço em uma marmitinha de lata.

Às vezes eu queria sumir, desaparecer. Era horrível ir ao colégio e não ter como comprar um salgadinho sequer. Ou tomar um refrigerante nos intervalos. Certa vez fui dar uma mordida no sanduíche de uma colega, e ela comentou:

— Você está sempre filando. Devia comprar o seu.

Dei uma resposta brusca. Fiquei terrivelmente magoado.

Tomei consciência da minha pobreza. Os pais de meus amigos tinham bons carros. Papai só tivera um na vida, vendido para pagar dívidas. Mesmo os colegas mais pobres possuíam certa estabilidade. Eu não. Não havia televisão em casa. No interior, na época, ainda não era transmitida — pode parecer estranho, porque hoje a televisão está em todo lugar! Era assim que acontecia. Ao chegar em São Paulo, descobri que a televisão fazia parte da vida de todo mundo. Não tínhamos sequer como pagar uma prestação. A classe comentava dos programas, dos astros e das estrelas. Também não tínhamos telefone, ou qualquer dos confortos que faziam parte da vida paulistana. Meus pais viviam nervosos por falta de dinheiro. Sem dinheiro para pagar o aluguel, chegamos a mudar de casa a cada seis meses, sempre para outra mais barata.

Eu só pensava em ganhar um salário.

Já não me importava com vocação. Queria ter uns trocados para sair com os amigos no fim de semana. Um casaco. Uma televisão. Todas as coxinhas, empadinhas, quibes que conseguisse comer. A longo prazo, meus sonhos eram mais ambiciosos: comprar uma casa para meus pais. Dar a eles algum conforto. Enfim, precisava começar a trabalhar!

Mal tinha completado quinze anos. Comecei a procurar emprego no jornal. Abria a sessão de classificados. A maior parte dos anúncios era dirigida, claramente, a pessoas mais experientes do que eu. Ou com mais idade. Estudara datilografia, mas não acabara o curso. Assim, não tinha velocidade na máquina de escrever. Falando objetivamente, não sabia fazer coisa alguma!

Finalmente, encontrei um anúncio que me despertou a atenção. Não lembro exatamente dos termos. Procuravam gente jovem e dinâmica para um emprego altamente remunerado. Jovem, eu era. Até demais. Dinâmico, bem... por que não? Alta remuneração era meu objetivo! No dia indicado, compareci ao endereço. Havia uma longa fila. Universitários, estudantes de todos os tipos. Eu, magricela, tímido, com minha blusa azul. Preenchemos fichas. Sentamos em uma sala. Um senhor de terno, gordo e bigodudo, deu uma palestra.

— Somos uma associação de difusão do Esperanto — explicou ele. — Vocês terão a oportunidade de aprender a língua universal gratuitamente. Depois, darão aulas!

Parecia ótimo. Já ouvira falar do Esperanto.

A ideia de uma língua universal surgiu como consequência do sonho de uma humanidade sem fronteiras. Todos falariam o mesmo idioma. Não haveria conflito entre os povos. A língua foi criada artificialmente por Lázaro Luiz Zamenhof, no final do século XIX. Chocado com os conflitos entre alemães, lituanos, poloneses e judeus que testemunhava em sua cidade natal, Biaystok, na Polônia, Zamenhof partiu para um extenso estudo de todos os idiomas. Criou um só, a partir dos vários radicais. Durante algum tempo, a Liga das Nações quis adotar o Esperanto como língua oficial. Não conseguiu, mas até hoje é estudado em todo o mundo. Possui regras gramaticais fáceis e básicas. O vocabulário é de fácil aprendizado. Só para sentir o jeito, aqui vão alguns termos:

Obrigado: Dankon

Por favor: Bonvole

Pai: Patro

Mãe: Patrino

Como você se chama?: Kiel Vi Nomigas?

Esperanto, a língua da Esperança.

Achei que seria ótimo aprender, e ainda por cima ganhar um salário. Que engano!

A tal empresa usava o Esperanto para dar golpes! Ou melhor, o ensino do idioma que uniria homens e nações era apenas uma fachada para impingir coleções de livros. Uma arapuca!

Claro, não sabia de nada quando comecei. Preenchi a ficha de inscrição. Não fui aprovado. Quando fui verificar o resultado, a secretária veio com a velha desculpa:

— Ainda não decidimos. Aguarde nossa comunicação.

Eu tinha pouquíssima experiência de vida. Não sabia que se tratava de uma maneira cortês de me recusarem. Pior: não tinha telefone em casa. Dera o de uma vizinha, que de má vontade tomava nossos recados. Sempre esquecia, ou avisava alguns dias depois. Não podia confiar. Queria o emprego. Passei a ir todos os dias até o escritório:

— Alguma novidade? — perguntava.

A mocinha, cada vez mais irritada, respondia:

— Já disse para aguardar nossa chamada.

Os primeiros escolhidos já estavam trabalhando. O gerente de vendas valorizou minha insistência. Era um rapaz com pouco mais de vinte anos. Um dia me chamou:

— Quando você veio, achei que não ia dar certo. Mudei de ideia. O emprego é seu.

—As aulas, quando começam? Em quanto tempo vou poder ensinar Esperanto? — quis saber, ingenuamente.

O gerente disfarçou:

— Mais tarde. Por enquanto você vai passar por um treinamento.

Na tarde seguinte, compareci a uma palestra com vários iniciantes. O gerente distribuiu a cada um catálogos com coleções de livros lindamente encadernadas. Explicou o sistema: os supervisores e gerentes conseguiam contatos em colégios. Com o pretexto de difundirem o Esperanto, faziam palestras para os alunos. Prometiam cursos gratuitos. Aí vinha o pulo do gato. Segundo prometiam, o curso só seria oferecido às crianças que se destacassem escrevendo uma redação sobre a língua universal. O que era fácil, já que tudo fora dito na palestra. A jogada final: na redação, o aluno devia botar o nome e endereço.

Os textos não mereciam sequer um olhar dos supervisores. Nunca haviam pensado em oferecer o curso prometido. O gerente distribuía os trabalhos entre nós, vendedores. Quando recebi o primeiro lote, estranhei:

— E o Esperanto?

— As aulas devem começar em breve — disfarçou o gerente. — Até lá, você participará de nosso projeto cultural.

— Mas... e o salário como professor?

— Inicialmente, ganhará comissão pelas coleções vendidas.

Não era tão bobo assim. Desconfiei. Precisava de um emprego. Botei meu lote de redações em uma pasta, acrescentei os catálogos e saí à luta. Batia na casa das pessoas. Em geral, a mãe me atendia. Eu sorria:

— A redação de seu filho foi selecionada.

A mulher suspirava, orgulhosa. Satisfeita com a inteligência do pimpolho. Oferecia cafezinho. Durante algum tempo eu falava sobre as virtudes do futuro gênio, a criança. Explicava como aprender Esperanto lhe abriria as portas para empregos muitíssimos bem-remunerados em todo o planeta. Em seguida, abria o catálogo:

— Trouxe também umas coleções muito boas para a formação de seu filho. Ele vai gostar!

Ou seja: não passava de um vendedor de coleções de porta em porta. Sempre adorei ler. Sou maluco por livros. Aqueles eram tão ruins que nunca tive vontade de ficar com um sequer. Havia uma História Universal pavorosa. Uma série de Ciências e não lembro mais o quê. Uma vez abri um volume. Tradução péssima! Todas as tardes, saía em busca de compradores.

Retirava pedidos com alguma facilidade. Tentava ser simpático. Lembro de um médico que, certa vez, foi procurado por uma paciente durante uma conversa. Era noite. Conversei com o menino, enquanto o pai dava a consulta. Quando voltou, eu já havia convencido o garoto. Vendi duas coleções!

A primeira coisa que eu comprei foi um casaco de lã! Fui sozinho a uma loja popular. Até hoje me recordo: era azul marinho, três quartos. Batia no meu joelho. Nunca mais sentiria frio! Aposentei meu velho suéter. Tinha orgulho, quando usava meu casaco. Era meu! Comprado com meu dinheiro!

A rotina de visitar as casas e convencer as pessoas foi me desinteressando. Percebi que nunca aprenderia Esperanto. Ou daria aulas, com o ambicionado salário fixo. Já não me sentia com vontade de argumentar, de receber "nãos".

Tudo piorou quando entrou um novo vendedor. Hostil. Não sei porque, antipatizou comigo desde o primeiro instante. Saímos juntos, para ele ver como funcionava o sistema. Vendi algumas coleções. Mesmo assim, espalhou que eu era péssimo. Falava mal de mim para o gerente. Uma vez, marcou uma visita comigo. Não apareceu. A dona da casa não comprou coleção alguma. Pedi que assinasse um comprovante da minha ida. Por sorte. Ele me acusou de ter faltado ao compromisso. Mostrei a prova. Não adiantou. Fiquei com fama de não cumprir tratos. O rapaz logo ficou amigo dos chefes. Sem dúvida, era melhor vendedor do que eu. Tinha mais idade. Também mostrava-se mais agressivo.

Nunca entendi seu comportamento. Não competíamos. Cada um buscava seus clientes. Recebia suas próprias comissões. Mas me envolvia em um vendaval de fofocas. Mais tarde, ao longo da vida, conheci outras pessoas como ele. Gente que tenta se destacar menosprezando os outros. Tenho horror de pessoas assim. Até acredito que exista uma certa justiça. Pois nunca vi alguém com esse tipo de comportamento subir em uma empresa e se manter no cargo.

O fato é que era tímido. Não suportava a pressão.

Um dia não fui. No outro também não. Uma semana depois, achei que seria chato voltar. Não estava disposto a ouvir censuras pelo meu desaparecimento.

Simplesmente, nunca mais apareci.

De Esperanto, aprendi apenas algumas palavras.

Da vida, uma certeza: não tinha a menor vontade de continuar vendendo de porta em porta! Descobrira ter condições de ganhar meu próprio dinheiro!

6. De olho em intimidades

Queria continuar trabalhando. Já me acostumara a receber alguma coisa. A situação em casa continuava difícil. Através de um conhecido, meu irmão conseguiu um contato em um Instituto de Pesquisa. Minha missão era preencher questionários sobre produtos e hábitos de consumo. Não podia entrevistar qualquer pessoa. Havia um método. Escolhiam determinado quarteirão dentro de um bairro. Eu devia bater na primeira casa sorteada e entrevistar a moradora. Ou o marido. Em seguida, pulava três casas. Batia na quarta. Assim por diante. Ganhava por questionário preenchido. Às vezes, o preço era fixo. Em outras, dependia das respostas. Perguntava, por exemplo:

— A senhora faz regime para emagrecer?

Muitas vezes, a resposta vinha em tom irritado:

— Está me achando gorda? De jeito nenhum!

Eu encerrava o questionário. Todas as outras perguntas eram sobre produtos para regime, que ela obviamente não estaria usando. Nesse caso, recebia apenas um valor simbólico. Os questionários preenchidos inteiramente eram mais bem pagos.

Eram outros tempos. Não havia tanto medo. Pouquíssima gente se recusava a atender. Mandavam entrar. Sentava nos sofás. Ofereciam água gelada. Cafezinho. Até bolo. Conheci gente de todo o tipo. Alguns tipos mexiam com minha imaginação. Como um casal de alemães já idosos que morava no bairro paulistano de Sapopemba. Possuíam uma pequena indústria. A casa era grande, confortável. Disseram ter saído da Alemanha Oriental logo após a Segunda Guerra, quando a região fora tomada pelos comunistas. Continuei perguntando, curioso como sempre fui, embora suas vidas nada tivessem a ver com o questionário. Eram fechados, mas arranquei alguma coisa. Não tinham filhos. Não costumavam sair. Fui embora com uma impressão estranha. Pareciam esconder alguma coisa. Viviam trancados, aparentemente. A casa era escura, mostravam-se tensos. Até hoje tenho uma fantasia. Supus serem refugiados de guerra. Nazistas.

Surgiu um trabalho diferente, para o qual foram selecionados apenas os bons pesquisadores. Superbem pago. Devia encontrar pessoas que tomassem calmantes com receita médica. Não havia perguntas e respostas objetivas. Devia seguir um roteiro básico, arrancando o que pudesse. Avaliando os motivos de cada um. A pequisa era, obviamente, encomendada por uma indústria farmacêutica. Um dos pontos principais era levar a pessoa a falar sobre sua vida sexual. Ah, que delícia!

Já chegara aos dezessete anos. Tinha cara de anjo. (Sim, um ar bem inocente!) Arranquei segredos incríveis. Só tive dificuldade em encontrar os primeiros entrevistados. Depois, um indicava o outro. Amigos me apresentavam a vizinhas. Era o máximo.

— A senhora me desculpe, e fique à vontade para não responder a alguma questão. Devo seguir o roteiro da pesquisa — eu dizia, com um sorriso delicado e caneta em punho.

— Certo — respondia a vítima.

Respirava fundo. Assumia um ar bem tímido e disparava:

— Será possível me dizer como é sua vida sexual? Sente-se realizada?

As respostas variavam.

Uma trintona:

— Nunca tive relações sexuais. Nem preciso. Não me faz falta, sabe?

Haja calmantes!

Uma senhora casada:

— Eu e meu marido nos damos bem. Sexo não tem importância para mim!

Mais calmantes!

Um rapaz:

— Minha vida sexual é ótima, mas...

Eu assumia um ar compreensivo, digno de padre em confessionário, já antecipando uma revelação e tanto.

— Pode falar, se quiser não ponho seu nome na pesquisa — eu explicava.

— É que, bem... gosto de pessoas do mesmo sexo!

Eu, de olhos arregalados.

A empresa se espantou com a qualidade do meu trabalho. Trazia as melhores pesquisas! Ganhava bem. E me divertia. Adorava bisbilhotar a vida alheia! Marcava uma entrevista após a outra. O segredo, descobri, era agir de maneira compreensiva.

— Entendo. Às vezes dá um vazio tão grande! — eu dizia.

— Acho que meu marido tem outra. Por isso fico nervosa, tomo calmantes, pois não consigo dormir! — lamentava-se a entrevistada.

Lágrimas rolavam. Eu anotava cada detalhe.

Para dizer a verdade, torcia por aquelas pessoas. Talvez fosse um bom pesquisador porque compartilhava seu sofrimento.

— Não é o caso de se separar? — eu perguntava à traída.

— Ele me ameaçou. Disse que se separar, fico sem nada!

— A senhora é tão jovem, pode trabalhar — eu retrucava, otimista.

— Huuuuummmmmmmmmmmmmmm...... Trabalhar?! — ela exclamava, horrorizada.

Ou:

— Minha noiva me largou, perto do casamento.
De repente. Ainda não me conformo.

— Se ainda está apaixonado, deve batalhar.

— Você acha?

— Quem sabe ela ainda no fundo gosta de você.
Se arrependeu.

Sorriso.

Outra vez:

— Comecei a tomar calmantes quando minha mulher me largou. Levou meu filho.

— Puxa, sinto muito.

— Chegou a me acusar.

— Acusar?

— De tentativa de assassinato. Um absurdo. Foi à
polícia.

— Mas...

— Só dei umas porradas.

— Oh!

— Bem merecidas. Devia ter jogado a safada pela
janela.

Questionário fechado às pressas.

— Excelente entrevista, obrigado.

— Não quer perguntar mais nada?

— Não... está ótimo. Lembrei que tenho dentista.

— Vai dizer que tem medo de mim?

— Oh, não! Fique tranquilo, eu mesmo abro a porta. Não se incomode! Já estou indo!

Diante de um jovem artista:

— Posso ver seus desenhos?

Abriu o bloco de esboços em silêncio. Pessoa difícil de confessar.

— Que lindos!

— É.

— Nossa, desenhar assim, se expressar... deve ser muito bom. Por que você toma calmantes?

— Ah... sei lá.

— Estudou?

— Hum, hum...

Quando pegava alguém assim, monossilábico, eu dava uma grande tacada. No caso, ainda lembro. Bati o olho nos desenhos e interroguei:

— Por que desenha o sexo masculino com tantos detalhes?

Rugido feroz.

— O que você tem contra?

Insisti.

— Achei... hum... inovador. Diga, o que o levou a tomar calmantes? Como é... ahn... sua vida sexual?

A vida caminhava. Poderia ter continuado a fazer pesquisa durante anos a fio.

Já pretendia nova carreira. Ninguém sabia, mas sentia o sopro da vida artística. Queria subir ao palco!

Quando menos esperava, tive uma chance como ator!

7. Subindo ao palco

Tenho a impressão de que todo mundo, em certa época da vida, deseja ser ator. Eu já participara de vários grupos amadores. Ambicionava me tornar um profissional. Parecia uma boa perspectiva ser ator. Muitos colegas de classe ganhavam carros dos pais ao fazer dezoito anos. Viajavam. Vestiam roupas caras. Eu me sentia mal por ser tão pobre. Nunca poder acompanhar os amigos nas lanchonetes, nas casas noturnas, a menos que eles pagassem a minha parte. Uma das garotas do colégio havia entrado para a televisão. Um contrato dos bons! Soube que atores famosos podiam ganhar muito, em pouco tempo. Fui me inscrever num teste de uma companhia de teatro.

Era uma companhia italiana que pretendia se fixar no país. O espetáculo seria *Os gigantes da montanha*, de Luigi Pirandello. Subi ao palco. Fiz os exercícios pedidos. Não passei. Entretanto, fiquei como primeiro substituto para o caso de alguém desistir. Durante dois meses, eu ia diariamente falar com o diretor.

— Alguém desistiu?

Alguns atores não acertaram o salário. Aos poucos, conheci o pessoal da produção. Acabei entrando na peça. Havia gente famosa no elenco. Só não tinha a menor ideia de que fossem tão conhecidos, simplesmente porque em casa não havia televisão! Por falta de dinheiro para comprar. O protagonista era um ator e diretor hoje considerado marco no teatro nacional: Ziembinsky. Eu não tinha a menor ideia de quem fosse, embora a crítica e a classe teatral o venerassem desde uma montagem histórica de *Vestido de noiva*, de Nelson Rodrigues. Já idoso, logo me pegou para prestar pequenos favores, como buscar água. Eu conversava no camarim, enquanto ele se maquiava. Um dia me perguntou, à queima-roupa, sobre minha vida sexual. Confessei:

— Sou virgem.

Ele me observou, vermelho como um pimentão.

— Acho que não está mentindo. É virgem. Mas pensa em sexo até na ponta das orelhas.

Dali em diante, ficamos amigos. Contava piadas. Eu viera do interior. Não sabia que estava diante de um monstro sagrado da cultura nacional. Falava o que me dava na cabeça. Ele se divertia. De vez em quando, perguntava.

— Continua virgem?

Eu suspirava, quieto. Ouvia a censura.

— Aos dezessete anos e virgem é um absurdo!

Eu não era diferente de outros colegas. Até hoje o pessoal da minha turma comenta a pergunta de um colega, Eduardo, mais velho que eu. Durante a aula de Ciências, ergueu a mão e perguntou, compenetrado:

— Professor, quanto tempo deve durar uma relação sexual?

Eu era muito tímido. Como este livro é sobre vocação, e não sexo, só vou dar uma dica. Mais tarde recuperei o tempo perdido!

Logo se tornou evidente, nos ensaios, que eu não tinha o mínimo talento para subir ao palco. Participava de um grupo de mímicos. Devíamos dançar aos pares, como marionetes gigantes. Criando um clima mágico. Não acertava um passo. Sou péssimo em coordenação. Tive uma luz quando, certo dia, o diretor perguntou:

— Alguém aqui já tocou piano?

Ergui a mão.

Tecnicamente, não era bem assim. No interior, eu tivera uma única aula de piano. Mais tarde, um colega de classe, cuja mãe era professora de música, me dera três aulas. Só. Resolvi não entrar nos detalhes. O diretor me posicionou no centro dos mímicos. Eu deveria tocar piano sem piano. Tal qual uma marionete. Enquanto eu fingia tocar piano, os outros se matavam dançando. Ainda bem. Eu jamais teria chegado a estrear de outra maneira.

Os ensaios caminharam. Ganhava um salário. Entrei em outro mundo, o dos jovens atores. Chegava tarde em casa. Ia em festas. Não suportava mais a sala de casa com o sofá escorado por três tijolos. A comida sempre igual: ovo, arroz, salada de alface e tomate. Ou frango frito. Todos os dias. Passava a maior parte do tempo fora de casa. Acordava e ia à escola. Ficava na casa de amigos até a hora do espetáculo. Voltava e ia dormir. Ganhava pouco. A situação familiar era tão crítica que conseguia ajudar no orçamento. Só não sobrava para comer fora.

Assim, como muitos jovens atores, entrei para a turma do *couvert*.

É simples. O elenco de atores famosos frequentava certos restaurantes conhecidos na cidade como da "classe artística". Eu entrava. Procurava algum conhecido. Puxava uma cadeira, me sentava na mesa de alguém. Ficava batendo papo. Chegava o *couvert* de quem estava na mesa. Eu devorava as azeitonas, o pãozinho com manteiga. Quando a conversa definhava, mudava de mesa. E mais azeitonas, pãozinho, sardela, patê! Não pedia nem um refrigerante, para não correr o risco de ter que dividir a conta!

Voltava para casa às duas, três da manhã. Muitas vezes, não havia condução. Frequentemente, eu e meus novos amigos, também da turma do *couvert*, ficávamos na rua conversando até o amanhecer. Quando os bares abriam, tomávamos café com leite. Pedíamos pãozinho com manteiga. Era o máximo que podíamos pagar. Houve madrugadas em que andei quilômetros até chegar em casa.

A peça não foi um sucesso. É impossível lembrar a média do público. A crítica não aplaudiu. O diretor se decepcionou com o resultado. O elenco entrou em pé de guerra. A temporada chegou ao fim. Soube por um amigo que haveria uma montagem de *Romeu e Julieta*. Iam realizar testes. Rapidamente, me inscrevi.

Fui a uma leitura. Depois de algumas frases, diante do diretor, também humorista, apresentador de televisão e escritor, Jô Soares, fui aprovado. Seria o pajem de Paris, nobre apaixonado pela bela Julieta. Minha interpretação consistia em andar para cima e para baixo, atrás de Paris. Parando sempre a um metro dele, com as pernas enfiadas em malhas de balé. Paris se mexia, eu me mexia. Francamente, devo ter sido um ator pavoroso. Minhas falas foram cortadas. Ao final, no dia da estreia, só restava uma intervenção. Devia gritar:

— Eles estão chegando!

Meia hora antes da estreia, o diretor cortou minha última frase.

Sobrou um assobio, com o qual eu devia avisar Paris da vinda dos inimigos. Ocorre que não sei assobiar. Nunca aprendi. Dizem que a facilidade para assobiar é genética. Por mais que tentasse, não conseguia. Resolveu-se a questão com um dublador para meu assobio. Eu botava os dois dedos na boca. Um ator, nos bastidores, assobiava no meu lugar.

A peça foi um fracasso absoluto. As lutas de espadas eram horrendas. O cenário parecia a sala de refeições de um transatlântico. Quando Romeu clamava por Julieta, a plateia vinha abaixo de tanto gargalhar com seus gritos estridentes. O diretor, talentoso, fez o que pôde. Ocorre que havia apostado em atores famosos de televisão. Julieta era uma grande atriz. Romeu, um desastre!

Pior. A produtora não tinha dinheiro. Havia inventado a peça, certa de que com a bilheteria pagaria as dívidas e a nós, atores. Ninguém recebeu o salário. Eu ainda morava com a família. Chocado, vi companheiros de elenco quase passando fome. Resolvi que aquela vida não era a que eu queria. Sentia necessidade de um salário no fim do mês. Talvez não me sentisse, também, tão talentoso. O caso é que desisti de ser ator.

Minha vida artística não terminou aí, é claro. Um amigo estava produzindo e dirigindo um filme. Se fosse classificá-lo, diria que era do novíssimo cinema novo, pós-Glauber Rocha. O título, muito sugestivo: *Orgia!* Não, não era absolutamente pornográfico. Ao contrário, narrava a trajetória de um herói por um país fictício. A tal orgia era uma forma de falar das convulsões sociais do país durante o regime militar. Uma orgia simbólica, digamos.

Acabei assumindo o cenário e figurino sem jamais ter feito alguma coisa parecida. Cenário, de fato, não havia. Apenas alguns elementos de cena, já que todo o filme se passava em fazendas, sítios, brejos e cercas de arame farpado onde o elenco aterrisava. Nunca havia costurado uma peça. Por falta de dinheiro, o figurino foi emprestado do acervo de uma televisão que estava indo à falência. Com a ajuda de uma produtora de teatro, fui até lá e escolhi as roupas. Um vestido, mandei fazer. Enlouqueci com as personagens, botando coroas de madeira, fazendo penteados extravagantes. Havia uma personagem que seria o "Rei do Brasil". Tinha uma macaquinha em casa, que meu irmão trouxera de uma viagem. Chamava-se Ofélia. Acabou se tornando uma das atrizes principais, no ombro do tal rei. Um casal de amigos onde o diretor do filme — o hoje escritor João Silvério Trevisan — estava hospedado, deixou que seu apartamento conjugado se transformasse em central de produção. Em meio a colchões atirados no chão, eu trabalhava cercado de roupas por todos os lados. Trevisan telefonava brigando, se algum traje atrasava. Em certo momento, eu precisava de penas de galinha. Saí com o produtor executivo do filme — no caso, uma espécie de pau para toda obra, encarregado de conseguir tecidos, objetos, carros, sem dinheiro algum. Fomos até uma avícola. Várias galinhas vivas nos espreitavam através das telas de arame.

— Vá perguntar os preços das galinhas que eu me viro — disse ele.

Corri ao balcão:

— Quanto é o quilo do peito de frango?

Ouviu-se um cocoricó. O produtor estava arrancando as penas das galinhas! Disfarcei, fingindo ser freguês, enquanto as penosas cacarejavam, revoltadas. Ao final, saí. Ele me esperava na esquina, com as mãos cheias de penas! Fiz dois ou três cocares!

Por incrível que pareça, o filme tornou-se fascinante. Nunca entrou em circuito comercial, pois foi proibido pelo governo militar. Seu tom é instigante. Sem jamais ter feito um figurino na vida, tive a surpresa de ser elogiadíssimo por causa dele. Inclusive por um grande crítico de cinema, autor de vários livros sobre o cinema nacional. Até no exterior, onde o filme foi apresentado em circuitos especiais, recebi aplausos. Se tivesse insistido, talvez tivesse me tornado figurinista. Gostava das roupas, das confusões, da criação de uma personagem através do visual.

É claro, não recebi dinheiro algum. Nem era o caso. Era um trabalho entre amigos, decididos a criar. Apaixonados pela Arte.

Entretanto, minha família continuava passando por dificuldades. Precisava trabalhar.

Também chegara o momento de prestar o vestibular e escolher meu futuro profissional com mais firmeza. Era um grande desafio.

8. O drama do vestibular

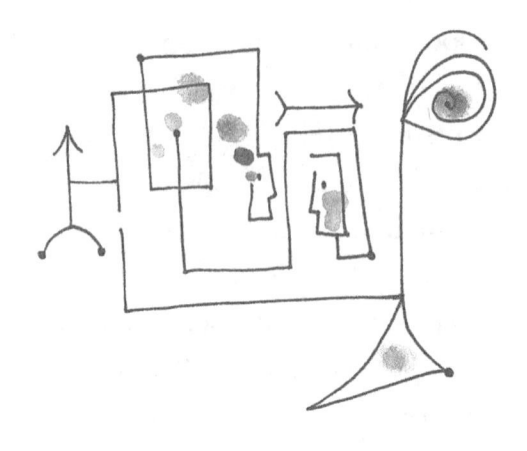

É muito difícil ter certeza quando se presta o vestibular. O problema é que na maioria das vezes a gente não sabe exatamente como será a carreira escolhida. Há sempre uma diferença entre o que se imagina e a realidade. Eu já conhecia profissionais de várias áreas. No colegial, algumas vezes as professoras convidaram médicos, advogados, atores, para falar sobre a carreira. Dava para se ter uma ideia dos resultados a que se podia chegar. Às vezes, até das dificuldades. Isso é muito diferente de saber como é o começo, as curvas do caminho, quando e como se colhem os frutos. Claro, havia o caso de conhecidos na família. Um primo de segundo grau era advogado. Eu não o conhecia pessoalmente. Sabia que na casa dele tinha... piscina!

Ter piscina era um sinônimo de sucesso. Meu pai também sempre falava de juízes e promotores concursados. Com um padrão de vida garantido. Ser médico era, na minha infância, um passaporte para uma vida confortável. Um dos meus primos se formara em Medicina. Trabalhava dando plantões e mal pagava o aluguel. (Hoje vive muito bem, é preciso dizer.) Os exemplos acumulavam-se à minha frente. Era difícil decidir.

Eu não sabia então como é fundamental a escolha que se faz, mesmo com poucas informações, no momento de prestar o vestibular. É através da profissão escolhida que a gente forma um círculo de amigos e relacionamentos. Não que os de infância não contem. Alguns permanecem para sempre. Em um trabalho se conhece muitas pessoas, namora-se. A profissão torna-se um eixo na vida.

Falando assim é apavorante. São poucos os que têm absoluta certeza da profissão a seguir. Como, tão cedo, tomar uma decisão que vai dar um rumo a toda a vida? Bem, eu sempre soube que na vida a gente pode voltar atrás. Buscar novos caminhos. Também tive amigos que fizeram uma faculdade, foram se especializando e aos poucos mudando de área até encontrar o que realmente queriam.

Havia um problema a ser levado em consideração. Precisava passar em uma faculdade gratuita. Não havia a menor possibilidade de tentar uma particular, sem bolsa total. Na época, tais bolsas eram muito difíceis. Meu pai ficaria furioso se eu não seguisse um curso universitário. Ao mesmo tempo, talvez nem conseguisse me manter na faculdade se não trabalhasse durante o curso.

Tive uma professora fenomenal de História. Dava aulas interessantes, mesclando o passado e o presente, mostrando como um influenciava o outro. Também sempre gostei de ler sobre o tema. Alguns conhecidos estudavam Letras, História, Geografia, Matemática e já davam aulas durante o curso, para se manter. O fascínio das aulas de minha professora aliado à certeza de que em alguns meses poderia me manter fez com que eu tomasse a decisão.

Garanto que não era uma certeza total. Estava inseguro. Na época da inscrição, mudei de ideia várias vezes. No último momento, resolvi. Prestei História. Fui aprovado na Universidade de São Paulo, com cursos gratuitos. Escolhi o turno da manhã para poder dar aulas à noite. Pelo menos, como professor, poderia ganhar meu próprio sustento.

Logo no primeiro mês de curso universitário, comecei a procurar aulas para lecionar. Parecia uma maneira rápida de ganhar meu sustento. Ocorre que, por estar no começo do curso, eu não poderia ensinar em escolas públicas ou nos bons colégios particulares. Minha saída eram os cursinhos pré-vestibulares. Ou outros mais simples, na época conhecidos como Madureza. Eles foram substituídos pelos atuais Supletivos, que algum dia também terão outro nome. Cumprem, de fato, a mesma função: oferecer a chance de um diploma rápido a quem não pode frequentar o curso regular. O diploma do Madureza possibilitava prestar o vestibular e cursar uma faculdade. Nesses cursos, o mais importante era que os professores preparassem os alunos para vencer os testes oficiais.

Minha primeira decepção foi descobrir que se dava pouquíssima importância ao ensino de História. Os exames tinham pesos, e o de História era um dos menores. Quem tirasse boas notas em Matemática podia ser péssimo na área de Ciências Humanas. Em todos os cursos, o número de aulas de História era bem menor. Batendo de escola em escola, consegui alguma coisa.

Só que eu não tinha a menor noção do interesse e da realidade dos alunos. Acreditava que o correto era ensinar a matéria da melhor maneira possível. Tentava ser claro, objetivo. Cúmulo dos cúmulos: se não sabia responder alguma questão, explicava não ter a resposta imediata. Deixava para a próxima aula. Os alunos odiavam tanta honestidade. Queriam me testar, e um professor, a seu ver, deveria saber tudo.

De fato, se iniciava a época do professor *show*. Surgia uma geração capaz de cantar, dançar, fazer piadas e palhaçadas diante dos alunos. Tudo para prender a atenção. As aulas tornavam-se eventos capazes de manter os alunos acordados durante os cursos noturnos. Eu não sabia fazer isso. Falava calmamente, tentando explicar cada item.

Na primeira escola, que pagava bem, fui demitido no terceiro mês. Em outra, após a aula inaugural. A secretária da escola assistiu um pedaço e me achou muito hesitante. Sem dúvida. Eu morria de medo de enfrentar os alunos! Fui parar em uma outra, distante, onde descobri, após três semanas, que os professores estavam sem salário há meses. Desisti. Acabei conseguindo algumas aulas longe, bem longe. Era preciso tomar duas conduções de minha casa até lá. Saía da faculdade de tarde. Por falta de dinheiro para comer, ia até em casa. Jantava cedo e voava para lecionar.

Os proprietários eram ótimas pessoas. Só não tinham dinheiro. Os alunos pobres, de classe operária, quase dormiam durante minhas aulas. Quando comecei a ensinar sobre a Grécia Antiga, um deles perguntou, de maneira prática:

— No último exame só caiu uma pergunta sobre os gregos. Por que não pular a matéria?

Expliquei que o importante era uma boa formação. Ele duvidou:

— Pra quê? No vestibular, História não tem importância.

Hoje entendo seu ponto de vista. Minha visão era bem-intencionada. Mas não tinha nada a ver com os objetivos daquele curso. Os alunos queriam um diploma para melhorar as possibilidades profissionais. Era a época do governo militar e imperava uma mentalidade tecnológica. Além do mais, chegavam às aulas exaustos depois de um dia de trabalho. Pagavam as mensalidades com sofrimento. Queriam um diploma o mais depressa possível. Os exames eram realizados apenas através de testes. Bastava decorar algumas questões fundamentais.

Portanto, eu era o chato. E como chato me tratavam.

Fugiam das minhas aulas, já que não tinham tanta importância. Só ficavam realmente curiosos quando eu contava fofocas históricas.

— Dizem que a rainha Carlota Joaquina tinha amantes — eu confidenciava para a classe.

As cabeças sonolentas se erguiam. Continuava a revelar casos sexuais entre reis e rainhas, príncipes e princesas. Quanto mais apimentados, melhor.

Lamentavelmente, a vida sexual da realeza não caía no exame. Nem no vestibular. Minha impopularidade crescia entre os alunos.

Ao mesmo tempo, a faculdade de História estava um caos. O motivo nada tinha a ver com o empenho de boa parte dos professores. Com o golpe militar, vários grandes pensadores tinham sido exilados. Entre eles, vários catedráticos da faculdade. Em seu lugar entraram — que me desculpem os intelectuais de alta qualidade que restaram lá, na época — pessoas sem qualquer erudição. Duas professoras viviam em batalha. Uma era casada com um diretor. Outra, amante de um homem importante na universidade, segundo se dizia. Ambas se odiavam. A aula de uma era pior que da outra. Falavam sem parar, sem nenhum fio condutor. Certa vez, uma delas puxou a orelha de uma aluna, em plena universidade! Eu vi, juro que vi!

Em outra ocasião, um professor francês veio dar um curso. Eu já entendia bem francês, embora até hoje fale com um sotaque horroroso. Mas não era essa a questão. O ensino de francês fora abolido das escolas públicas. Só aprendera por ter estudado em um colégio experimental, embora do Estado. Rigorosamente, nenhum aluno deveria ser obrigado a seguir um curso em francês. Pior ainda, correr o risco de ser reprovado! No exame final, uma aluna corajosamente ergueu-se, rasgou a prova e botou os pedacinhos na mesa do professor. Desistiu do curso. Tornou-se atriz.

Um dia acordei decidido:

— Não quero mais ser professor!

Não havia motivo lógico para tomar essa decisão. O dinheiro era curto. Economizara uma miséria. Tinha certeza: arrumaria alguma coisa. Não queria ser obrigado a falar para alunos mal-humorados, que não queriam aprender coisa alguma. Nem me sentir obrigado a falar sobre a vida sexual de reis e rainhas para não ser demitido, evitando reclamações de alunos. Mais que tudo, odiava ter que enfrentar aquela sala lotada, vê-los sair durante a aula. Ter que ser engraçado, divertido. Não. Não era minha vocação.

Prestei novo vestibular. Novamente, na Universidade de São Paulo. Para Comunicações. Passei e escolhi o curso de Jornalismo. Não havia curso noturno até então. Fui obrigado a abandonar a faculdade. Precisava trabalhar. A mãe de um amigo me indicou para uma editora e livraria. Comecei fazendo catálogos para venda em correspondência. Meses depois, fui promovido. Subi alguns andares e me instalei na editora.

Era minha paixão. Trabalhava de manhã à noite. Minha mãe comentava:

— Você teve sorte!

Juntei algum dinheiro. Adorava sentir o cheiro dos livros novos. Uma vez descobri, nos arquivos, uma carta do punho do próprio Monteiro Lobato. Peguei o papel com adoração. Achei que estava chegando a algum lugar.

Aos poucos, percebi que as coisas não eram bem assim. Gostava do emprego porque podia ficar perto dos escritores. Na verdade, invejava todos eles! Queria também ser autor. Falei com o dono da editora. Ele me aconselhou:

— Escreva que eu leio!

De noite, eu chegava em casa, mas não sabia como começar. Sentava-me com a família, via televisão, jantava. Ia para o quarto, que dividia com meu irmão menor — o mais velho havia se casado. Lia com um pequeno abajur aceso. Levantava bem cedo, corria para o trabalho. Algumas noites por semana, no final do expediente, tratava de melhorar meu inglês.

O país vivia uma atmosfera opressiva. Sufocante. Vários amigos haviam sido presos pelo governo militar. Outros, exilavam-se. Eu me questionava:

— Essa é a vida que eu quero?

Tudo parecia tão certinho! Um emprego promissor. Em um ano mais, poderia alugar meu próprio apartamento. Trabalhava muito, mas sentia falta de... paixão! Vontade de realmente seguir aquela vida!

Tinha, de fato, vontade de viver uma aventura inesquecível.

Um fogo ardia dentro de mim. Decidi fazer uma loucura. Jogar tudo para o alto e embarcar em uma grande viagem.

9. Imigrante ilegal

Eu e um amigo resolvemos ir até os Estados Unidos por... terra!

Simples assim. Pegamos um mapa e traçamos a rota. Desceríamos pelo Uruguai e depois iríamos subindo através da América Latina. Sem quase nenhum dinheiro, é claro. Eu tinha algumas economias, ele outras. Contávamos em conseguir abrigo na casa de pessoas que fôssemos conhecendo pelo caminho. Iríamos trocando de ônibus, carona, barcos... comeríamos onde desse. Ao chegar, trabalharíamos.

Avisei meus pais com algumas semanas de antecedência:

— Vou para os Estados Unidos.

— Como? — assustou-se meu pai.

— A pé.

Só não teve um enfarte porque não era chegado o momento.

Loucura das loucuras, pedi demissão.

— Está maluco! — disse meu chefe, o dono da editora.

— Vai ser o máximo! — garanti.

Alguns dias depois, ele mudou de opinião.

— Pensando bem... é o tipo de coisa que se faz uma vez na vida!

Dali a alguns meses, antes de completar 21 anos, parti com meu amigo. De ônibus. Só a narrativa dessa viagem daria um livro inteiro. O fato é que peguei carona de caminhão, barco... conhecemos muita gente pelo caminho. Na época, um grande numero de jovens transitava pela América Latina. De todas as nações. Cruzávamos com as mesmas pessoas em países diferentes. Todos abrigados em hoteizinhos baratos, pensões... tentando trocar dólares no câmbio negro. Comia em mercadinhos populares. Pratos feitos. Muitas vezes, comidas feitas em caldeirões borbulhantes. Atravessei centenas, milhares de quilômetros. Na Bolívia, cheguei a pegar um ônibus cheio de galinhas. E outro, com uma cabra no banco de trás. No Chile, anterior ao golpe militar que derrubou o presidente Salvador Allende, ajudei uma brigada internacional a colher azeitonas. Na fronteira com a Guatemala, cortavam os cabelos dos rapazes à força. Cabeludos não podiam entrar. Eu me salvei porque, já sabendo, andava sempre bem aparadinho.

Nunca vou esquecer de La Paz, quando parei diante de uma banca do mercadão. Vi uma pilha de maçãs. Perguntei o preço. A dona, uma índia gorda, deu o preço. Era cara para mim. Devia economizar o máximo para chegar aos Estados Unidos. Quando ia me afastando, ela chamou:

— Pegue.

— Não tenho dinheiro — expliquei.

— Pegue, tonto. Pegue! — disse ela, rindo.

Nunca vou esquecer do rosto bondoso daquela índia. Da maçã. São gestos assim que, no fundo, sempre me fazem acreditar na bondade alheia.

Consegui atravessar a fronteira dos Estados Unidos pelo Texas. De carona com um grupo de bailarinos mexicanos típicos.

— O que vai fazer? — perguntou o agente de imigração.

— Dançar!

Mentira deslavada. Descendente de espanhóis, teria sido impossível passar por bailarino asteca! Consegui um visto de seis meses. Atravessei os Estados Unidos do Texas à Califórnia, de carona. Sempre sem dinheiro.

Não minto: em seis meses de viagens, do Brasil a San Francisco, eu gastara quinhentos dólares. Incluindo comida, passagens etc.

Ao chegar, consegui me hospedar na casa de alguns brasileiros. Tratei de achar emprego. Passei por várias atividades: *baby sitter*, faxineiro, lavador de pratos. Achava o máximo. Meu maior sonho, então, era arrumar emprego fixo como garçom. Poderia comer de graça e viver com tranquilidade!

Queria estudar. Os preços nas escolas americanas eram impossíveis. Iniciei um curso de pintura. Nas horas vagas, escrevia contos. Alguns, bem angustiantes, como o da garota que, na véspera de Natal, conhecia um senhor fantasiado de Papai Noel. Era violentada e assassinada. Seu corpo, jogado no rio em uma mala.

Mandei os contos para meu antigo patrão, o editor. Ele respondeu:

— Que baixo astral!

Às vezes, ia comer na igreja. Parecia perfeitamente normal. Era de graça! Havia um cardápio vegetariano e outro com carne. Estávamos no auge da vida *hippie*. Lembro-me de uma moça vestida de freira, hábito branco, cabelos loiros e lábios com batom bem vermelho, que ia lá todos os dias. Tipos cabeludos, estranhos. Quando sobrava, distribuíam uma segunda porção! Alguns amigos que fiz viviam em casas sem luz elétrica, para mostrar que eram contra a sociedade de consumo. Eu morava onde conseguia, de graça.

Um dia, vi um anúncio no jornal local. Alguém procurava um professor particular de português! Fui me candidatar. Era uma cega que estudava Literatura Brasileira na Universidade de Berkeley. O governo americano pagava aulas suplementares já que, devido à deficiência, precisava de alguém que lesse os textos com ela. Eu sempre gostara de ler. Conhecia todos os livros do curso. Depois de uma hora de conversa, ela se convenceu de que eu seria o professor ideal. Só havia um problema: eu não era americano. Nem tinha permissão para trabalhar legalmente.

Um amigo emprestou o nome. Como o valor de cada aula era baixo, a cega concordou em assinar mais horas do que de fato eu trabalhava. Assim, em alguns dias eu cobrava 12 horas de aula de português! Ela só me lembrava:

— Ninguém vai reclamar se eu tiver notas boas!

Bem, eu sabia discutir Machado de Assis. Falar dos amores de Capitu e Bentinho. Destrinchar o tema principal. Além do mais, logo me tornei amigo da aluna.

Era maliciosa e especialmente interessada em latinos.

— Como você é? — ela perguntava, interessada.

— Alto, forte! — eu respondia, apesar de magérrimo, franzino.

— Você é moreno... bem latino?

— Oh, sim! — continuava eu, embora seja castanho claro.

A cega suspirava.

— Como você está vestido agora? — insistia.

— Estou nu.

— *Naked*? — exclamava, encantada.

— Sim, pelado. Totalmente pelado.

Ela ria, divertidíssima.

— Não, não, não pode ser.

— Adoro dar aulas pelado!

Atirava a camiseta para ela. Ria mais ainda.

— Quero ter certeza.

— Temos que continuar a aula — eu avisava.

— *You're kidding*! — ela gargalhava, achando que era brincadeira.

— Primeiro o estudo — eu dizia, seriamente.

Chegou o exame. Ela teve a nota máxima! Nem o professor acreditou o quanto ela, sendo cega, tinha aprendido de português, sem que os livros fossem traduzidos em braile!

A moça me deu uma camisa de presente, feliz da vida.

Descobri que, afinal de contas, tinha talento para professor!

10. Dieta de soja

Mas não pretendia passar o resto da vida como garçom, limpando casas ou em algum outro tipo de subemprego. Havia conseguido uma prorrogação do meu visto de turista. Trabalhar, porém, era ilegal. Conheci muita gente que foi fazer a América, como se costuma dizer. Pessoas decididas a acumular dinheiro. Certa vez, conversei com uma ex-empregada doméstica que se mudara para lá com os patrões. Conseguira um visto de permanência.

— Quero voltar vitoriosa! — dizia.

Também conheci um rapaz, amigo de amigos, considerado um exemplo de sucesso. Após obter o visto de permanência, fora contratado como vendedor em uma badalada loja de sapatos. Passava o dia inteiro em pé, com um sorriso atarrachado no rosto. Morava longe. Satisfeitíssimo.

— Ganho bem, posso ir a um *show* todo fim de semana...

Alguns outros tinham bolsas de estudo. Eu não tinha como pagar uma faculdade. Estava acima de qualquer possibilidade. Mais que tudo: sentia falta de minha família. No meu aniversário, minha mãe enviou uma carta dizendo: "Tive vontade de fazer um bolo, mas você não estava aqui..."

Se tivesse ido "fazer a América" talvez ficasse por lá. Meus amigos americanos tinham boa cabeça, gostavam de latinos, de música brasileira... e até de feijoada, que andei fazendo algumas vezes com ingredientes improvisados. O amigo que me acompanhara até os Estados Unidos já se casara com uma americana para conseguir o visto de residência e a licença de trabalho. Muitas cobravam pelo matrimônio. Ele conseguira de graça, com uma amiga com a qual não tinha nenhum relacionamento afetivo. O visto de residência – *green card* – seria dado algum tempo depois. O "casal" tinha que decorar detalhes da vida um do outro, intimidades, para se submeter ao interrogatório do Departamento de Imigração, fingir que morava junto... mesmo assim, não era impossível.

Entretanto, não era minha batalha. Queria voltar. Estudar. Só havia um problema: dinheiro. E outro: a data. Ao partir, eu trancara a matrícula na universidade. Era um expediente comum. Tinha um prazo para voltar e recuperar minha vaga. Em poucos meses, se esgotaria.

Vaga perdida, ainda mais em faculdade pública, implicava prestar novo vestibular... até perder matérias já feitas. O ideal seria retornar a tempo de me matricular e seguir o curso. Assim, não seria possível retornar por terra. Mesmo porque, sozinho, eu achava arriscado. Dinheiro para avião, não tinha.

Uma coisa eu sabia: tudo o que a gente aprende na vida pode ser usado mais tarde. Tinha certa experiência editorial. Escrevia bem. Durante a passagem pelo México, fizera amizades. Liguei para uma amiga, Regina.

— Venha! Eu soube que uma editora quer publicar uma coleção em português. Está procurando tradutores!

Também não tinha passagem para o México, mas não era tão longe assim... Um amigo inglês estava disposto a deixar San Francisco para atravessar a América Latina. Decidimos partir juntos. Antes de partir, aproveitei para renovar meu guarda-roupa. Era simples! Em Berkeley, a solidariedade era um hábito. Não sei se continua assim. As pessoas simplesmente se desfaziam do que não queriam mais, colocando em caixas na rua. Eu já mobiliara parte da casa onde morava com um brasileiro e uma chilena, pegando mesas velhas, cadeiras. Quase todas minhas roupas vinham das caixas. Precisava de um casaco. Fui até a primeira esquina. Procurei. Nenhum me servia. Na outra, um rapaz perguntou:

— O que você procura?

— Um casaco de frio, vou viajar.

— Ah, eu vi um que deve servir para você a umas três quadras daqui, subindo a outra rua.

Fomos até Los Angeles de mochila nas costas e carona. Hospedamo-nos na casa de uma antiga namorada de David, o inglês. De lá, continuamos de ônibus através da fronteira. Entramos por Tijuana. Era outro mundo. Música, gritos... e muita pimenta! A comida mexicana é farta em pimenta!

Vale a pena falar um pouco dos sabores do México! A base da culinária mexicana é a *tortilla*, uma espécie de panqueca feita de milho ou, menos frequentemente, de farinha. Enrolada, recebe qualquer recheio: carne moída, feijão, cebola... É o que se chama de tacos, vendidos em qualquer lugar: restaurantes bons e em carrinhos de rua. Também podem fritar a *tortilla*, que então fica durinha. Ou botar no forno, gratinada com queijo. São incontáveis as receitas à base de *tortilla*. O problema é que sempre vem pimenta. Se perguntam, é porque vão botar mais ainda! Ciladas não faltam: há um pimentão, em tudo parecido com o brasileiro. Costumam recheá-lo. A primeira vez que comi, tive que engolir uma garrafa d'água. É ardidíssimo! Abacate, só salgado. Certa vez, parei em um bar e pedi abacate batido com leite e açúcar. O dono me aconselhou:

— Cuidado, pode fazer muito mal.

Insisti. Virei o copo na frente de todos os frequentadores e o homem do balcão. Totalmente horrorizados!

Vou continuar falando da viagem com David. Sempre em ônibus populares, chegamos à Cidade do México, diretamente para o apartamento de minha amiga Regina, que o dividia com outra brasileira, a Inês. Não perdi tempo: no dia seguinte fui com ela até a editora. A própria Regina já estava traduzindo um livro. Tive uma surpresa. Estavam justamente procurando alguém com experiência, capaz de revisar os originais já traduzidos. Eu conhecia bem a língua portuguesa e também os sinais de revisão. Entenda-se: na época, o processo editorial era muito mais complicado que hoje. Com o computador, basta enviar o texto. Este é lido, corrigido e entregue. Antes, o livro era composto com letras de chumbo — um processo chamado linotipia. Com frequência, surgiam erros nesse processo. Não que hoje não exista revisão. Naquela época o processo era longo. Tornavam-se necessárias de três a quatro provas até que todos os erros fossem corrigidos na composição a chumbo. Como revisor, eu devia ler as provas impressas, apontar os erros e verificar as correções, linha após linha.

Não havia mais nenhum brasileiro que os editores conhecessem morando no México e com essa experiência. Foi quando descobri: tudo o que a gente faz algum dia, retorna. O que é aprendido, sempre pode ser utilizado. Quanto mais cartas a gente tem na manga, melhor se sai.

Saí da editora com vários livros para revisar e outro para traduzir. Tinha três meses para conseguir o dinheiro da passagem e chegar a tempo da matrícula. Além disso, precisava pagar minhas contas — incluindo parte do aluguel de Regina e de Inês, que dividia a casa com ela. De preferência, seria bom sobrar algum para voltar ao país. Minha família não teria como me sustentar até arrumar um emprego. Agora contava com um trunfo:

— Pelo menos posso dar aulas de inglês!

Dizem que quando a água bate no queixo a gente aprende a nadar. Eu estudara datilografia, mas era lento. Consegui uma máquina de escrever emprestada. A rapidez surgiu por conta da necessidade! Dividi o livro a ser traduzido em um número de páginas correspondente a dias. Acordava bem cedo. Sentava-me na máquina e só parava quando atingia a quantidade estabelecida. Nos intervalos, revisava provas. Eram livros de psicologia! Equivaleram a um verdadeiro curso sobre técnicas de recompensa e castigo em animais e seres humanos.

Meu amigo inglês, David, logo partiu. Meus recursos, de Regina e Inês eram minguados. Regina tinha um bebê, Pablo. O jeito era comer carne de soja todos os dias. Não havia nada mais barato. No almoço e no jantar. Quando podíamos, visitávamos amigos na hora das refeições. A tortura era terrível. Morávamos na parte de cima de um sobrado — o andar superior me persegue! Embaixo, viviam uma cantora, uma agente artística e uma relações públicas de um hotel. Todas bem de vida. Aos sábados, fritavam camarões. Parecia de propósito!

Acordávamos com o cheiro dos crustáceos sendo fritos. E dá-lhe carne de soja! Fizemos de tudo para nos tornarmos amigos das vizinhas. Regina conseguiu. Dali a algumas semanas, a esperta passava os sábados devorando camarões! Eu, no máximo, fui convidado a assistir um dos *shows* da cantora, em uma casa noturna de luxo. Ainda tive, para meu terror, que pagar o refrigerante. (A vida é claro, apresenta viradas incompreensíveis! A cantora foi, uma década mais tarde, protagonista de um grande escândalo no México. Ninguém sabe ao certo a história. Namorou um americano. Brigaram. Ela o matou. Isso já seria muito, mas ela foi além. Esquartejou o corpo, embalou em sacos plásticos e saiu de carro, espalhando em várias partes da cidade. A polícia desconfiou. Pega em flagrante, deixou as páginas artísticas para as policiais. Minha última notícia foi sobre sua internação em uma instituição psiquiátrica. Quando lembro dela, tão simpática, até doce, cantando naquele palco, não consigo entender como tudo aconteceu!)

De fato, eu sonhava com arroz e feijão, a comida da mamãe, e a segurança que uma família, mesmo com pouca grana, acaba oferecendo. Para não ficar torto de tanto traduzir e revisar, comprei um livro de ginástica. Antes do almoço, corria vinte minutos em torno da mesa que ficava na sala, ao lado do colchão onde dormia!

Outra coisa que aprendi: quando se tem um objetivo, é preciso ser determinado. Manter o foco. Só viajei para conhecer algo mais do México quando terminei a tradução. Conheci então as pirâmides maias e astecas. Visitei o museu da grande pintora Frida Khalo, na casa onde ela morou. Tive uma sensação estranha, pois foi como se ela ainda estivesse lá, porque as telas, os pincéis, os tubos de tinta apertados ficam expostos, como quando Frida vivia.

Finalmente, comprei umas lembranças, a passagem e embarquei!

11. Marciano no futebol

Mal voltei, já estava arrependido.

O fato é que a família cobrava uma atitude profissional. Eu abandonara o emprego. Pensaram que ia fazer a América, mas voltara com umas poucas economias, suficientes para me manter andando de ônibus e gastando o mínimo. Sim, isso eu conseguira, de acordo com o plano. Mas só. Minha avó paterna estava morando conosco. O sobrado de vila onde vivíamos na época tinha dois quartos. Um para meu irmão menor, já que o maior se casara. Outro, de meu pai e minha mãe. Fui para um colchão no chão. Voltei à faculdade, fazia o curso diurno. Estava difícil achar emprego. Ainda me lembro de minha avó, certa vez:

— Que vai fazer da vida? Não trabalha!

Meu pai e minha mãe pareciam preocupados. Meu irmão mais velho me aconselhou.

— Já está na hora de você se estabelecer.

Consegui algumas aulas de inglês, em um curso particular. Mal dava para pegar o ônibus. Nunca tive boa pronúncia, mas os alunos eram tremendos.

— *How are you?* — eu ensinava. — Agora repitam comigo: *how are you?*

O coro entoava.

— Rauuuuu are iuuuuuuuuuuu!

Eu continuava:

— *I am fine, thanks!*

Novamente, todos juntos:

— Ai eme faine sanques!

Antes de partir, prestara vestibular para Jornalismo e cursara um ano. Agora, no segundo, desejava trabalhar na área, por isso decidi abandonar as aulas de inglês. Um dia, vi um anúncio no mural da faculdade: procuravam estagiários para um jornal chamado *Gazeta Esportiva*. Remunerado! Só havia um problema: nunca fora fã de esportes. Fui para lá com um colega: apresentamo-nos.

Os editores haviam decidido contratar os primeiros que aparecessem, desde que falassem bem e estivessem na faculdade. Como alunos da Escola de Comunicação da Universidade de São Paulo, um dos melhores cursos do país, parecíamos ideais. Não ocorreu, nem remotamente, a algum dos meus futuros chefes que, no país do futebol, pudesse haver um rapaz com pouco mais de vinte anos absolutamente ignorante a respeito do esporte das multidões. Mas havia: eu!

Nunca ouvira um jogo pelo rádio. Jamais fora a um estádio. Só jogara algumas peladas como goleiro quando criança. Meu irmão e seus amigos me botavam no campo e ficavam gritando enquanto eu deixava a bola passar:

— Frangueiro, frangueiro!

Agora, lá estava eu, transformado em jornalista esportivo. Os primeiros dias foram fáceis. Eu e meu amigo Cacá recebíamos comunicados em linguagem truncada que devíamos transformar em pequenas notas. "Amanhã, na Vila Belmiro, acontece o campeonato..." Coisas assim.

O jornal era dedicado principalmente ao futebol. Bem, eu já vira de longe algumas partidas. Embora não soubesse exatamente o que faziam em campo, já ouvira termos como "lateral-esquerdo", "ponta-direita"... Sabia que o gol acontecia quando a bola entrava na rede. Achei que bastava. Na sexta-feira, o editor-chefe nos chamou.

— Cacá, no fim de semana, você vai cobrir um campeonato de arco e flecha.

Meu amigo torceu o nariz. Era fanático por futebol.

— Arco e flecha?

— É. Vou dar o endereço.

Suspirei aliviado. Até gostaria de ver flechas! O chefe virou-se para mim, com um sorriso, e revelou, como se estivesse me entregando um troféu:

— Você vai cobrir seu primeiro jogo de futebol!

— Eu!?

Os outros jornalistas comemoraram. Um deles explicou:

— Se já vai escrever sobre um jogo, é porque o editor-chefe está achando que você tem jeito para a profissão.

Eu só sabia sorrir, apavorado. Recebi o endereço. Jogo amador. No sábado, um motorista do jornal me levou até lá. Durante todo o trajeto, o papo girou sobre um único tema: futebol. Claro que o motorista, ao me ver trabalhar na *Gazeta Esportiva*, achava que estava diante de um especialista no assunto.

— E o campeonato, hem, que vergonha... você viu o último jogo?

— Hum hum! — eu gemia.

— Não sei como aquela porcaria de time perdeu aquele gol!

— Hã hã! — articulava.

Por sorte, o motorista teve que me deixar para levar o Cacá ao tal campeonato de arco e flecha.

— No fim da partida estou aqui. Aproveita!

Aproximei-me do campo, aterrorizado. Fui recebido com entusiasmo.

— Ah, você é o jornalista da *Gazeta*!

— Olha aqui, não vai falar mal do meu time, hem!

Eu só sabia sorrir, com ar de mistério.

— Deixa eu ver o jogo — expliquei. — Depende da partida!

O juiz apitou. Eu, de bloquinho na mão, tomava anotações. Só via um bando de rapazes correndo de um lado para o outro atrás de uma bola. Com ar bravo, uma mulher aproximou-se.

— Que está achando do artilheiro?

— Oh, bem... legal.

— Não vai dizer que está gostando?

— É... bem... até que...

Quando eu comecei a entender mais ou menos o que se passava, acabou o primeiro tempo. Durante um intervalo fui cercado pela torcida dos dois times, técnicos, mães e pais. Queriam minha opinião. Tentei assumir um ar compenetrado, misterioso, como se estivesse mergulhado em uma profunda análise.

— Vamos esperar o segundo tempo! — anunciei.

O juiz apitou. Segundo tempo. De repente, tive a impressão de que todos os jogadores estavam tentando fazer gol contra! Eu simplesmente não sabia que depois do intervalo os times mudam de campo. Não entendia mais nada. Todo mundo parecia estar correndo para o lado contrário!

— O que há? — sussurrei para um senhor.

— O campo, eles trocam de campo! — respondeu o homem, me encarando como se estivesse diante de um marciano.

— Oh!

No final do jogo, voei para o carro. O motorista me esperava.

— E aí, que tal?

— Assim assim. O time vencedor tinha um bom artilheiro, mas o lateral-direito deixou passar muitas

— respondi, com a mesma convicção que teria se falasse em sânscrito.

— É o que eu digo... nunca valorizam muito o lateral-direito. Ele é muito importante — vociferou o motorista.

— Um time é um time — concluí, sábio.

Na redação, sentei-me e escrevi sobre o jogo. Não foi tão difícil assim: o resultado fora de 9 a 0 para o vencedor. Era fácil saber quem elogiar! Lembrei-me dos comentários da mulher, mãe de um dos jogadores. Do técnico que me abordara. Entreguei o texto trêmulo.

— Deixe aí, depois eu vejo. Pode ir — disse o editor-chefe.

No dia seguinte, abri o jornal. Lá estava minha matéria publicada e assinada! Pela primeira vez, vi meu nome em letras impressas. Mais ainda: exatamente como eu escrevera, com todos os elogios, todas as observações, o comentário sobre o artilheiro, o lateral... senti um imenso orgulho. Corri mostrar para Cacá.

— Deram destaque.

Ele folheou as páginas, irritado. O campeonato de arco e flecha merecera só umas linhas!

Chegou a hora de ir para o jornal. Fui até a lanchonete da faculdade tomar um café. Tive uma crise de consciência:

— Como posso escrever sobre o que nem conheço? Dizer que um é bom, outro nem tanto...

Eu sabia: não tinha a mínima ideia do que vira. O texto fora uma obra de ficção, baseado em comentários alheios. Por sorte, o resultado fora tão evidente que seria difícil ser injusto. Mas não, eu não queria novas oportunidades de cometer injustiças.

— Amanhã vou ver outro jogo, vou falar de passes, de esquemas...

Principalmente, eu sabia: Não é isso que quero.

Podia precisar de dinheiro, a grana do estágio já dava para as despesas, havia possibilidade de contratação. Mas não, não.

Simplesmente não apareci mais. Foi feio. Porém, como explicar que eu era uma fraude? Dias depois, Cacá veio falar comigo:

— O editor-chefe andou perguntando por você... disse que levava jeito para o jornalismo esportivo!

Sorri. Meu amigo sabia perfeitamente que eu não entendia coisa alguma. Ficou por lá algum tempo e chegou a ser contratado. O ano chegava ao fim. Resolvi transferir meu curso para o noturno — que finalmente fora aberto, durante minha viagem — e buscar um emprego.

O mais incrível é que atualmente não perco uma Copa do Mundo. Demorou, mas acabei me apaixonando pela bola na rede!

12. Redator publicitário

Um de meus colegas de classe, Percival, fizera escola de propaganda. Contratado como redator após um estágio, ganhava bem e já morava sozinho. Tudo o que eu mais ambicionava era um apartamento de quarto e sala igual ao dele. Fui procurá-lo. Ele propôs:

— Por que não tenta propaganda?

Eu já ouvira falar de muitos jovens, na minha idade, ganhando bem com publicidade. Bastava ser criativo. Percival explicou:

— Os salários são geométricos!

Minha avó fora para uma casa de repouso, que pagávamos com dificuldade. Meu irmão Airton, com uma filha pequena, também contribuía. Meu pai finalmente conseguira vender os dois sobrados do interior. Pagara dívidas e sobrara algum dinheiro para comprar um estacionamento. Bem simples, em terreno alugado, de um bairro. Tornara-se possível comprar um sobradinho onde morávamos. O dinheiro era contado, mas a situação andava melhor que antes. Minha mãe vendia roupas feitas, bordava toalhas para fora e fazia blusas de lã. Quando papai ia trabalhar na Estação Ferroviária, ainda como telegrafista, ela partia para o estacionamento. Tinha carta de motorista, mas nunca se deu bem no volante. Não sabia manobrar. Botava um chapéu de palha, calças compridas e camisa larga. Recebia os tíquetes, ajudava os motoristas:

— Mais para cá, gira, gira o volante para a esquerda... isso... agora vem, vem reto!

Eu sentia necessidade de segurança. Ainda sonhava em comprar uma casa melhor para eles. Também queria ter um carro, morar sozinho... O estágio em publicidade não pagava bem, mas oferecia boas perspectivas. No início do ano, sentei-me em uma cadeira, disposto a desvendar o fantástico mundo da publicidade. Meu amigo Percival fora contratado para trabalhar na Bahia. Mas um diretor de criação, seu antigo companheiro de trabalho, me botou em sua equipe.

Na minha frente, um rapaz, artista gráfico e também estagiário. Recebemos a incumbência de fazer um texto, com ilustração, sobre um uísque engarrafado no país. A encomenda era acompanhada de um texto chamado *briefing*, onde eram dados os detalhes pretendidos pelo cliente: devia-se ressaltar o sabor da bebida, semelhante à importada, e o bom preço. Fiquei horas batendo papo com meu parceiro. Era nosso primeiro trabalho. Afinal, saí com esse: "um escocês pelo preço que um escocês pagaria".

Meu diretor de criação adorou. O diretor dos diretores idem. O cliente também. Meu primeiro trabalho foi estampado nos jornais e revistas. Fiquei felicíssimo.

— Eu criei!

Passei a ser visto como promissor. Aos poucos, aprendi ser normal ter muita coisa recusada. O importante era criar, ousar. O cliente até podia não gostar de uma ideia, mas não era o fim do mundo. Alguns, porém, eram teimosos. Principalmente os contatos de publicidade, que faziam a ponte entre a criação e o cliente.

— Não gosto disso! — dizia um deles com desdém.

Eu reclamava, porque fazia parte do ofício defender a ideia. O diretor intervinha.

— É bom, o cliente tem que conferir.

O comercial e a criação viviam em pé de guerra. Cada um, decidido a defender sua parte, como barões em guerra em seus feudos. Todas as semanas tínhamos pequenos trabalhos. Também participava de reuniões de criação mais amplas, com campanhas inteiras, de grandes empresas. Refrigerantes, carros...

Soube que em breve seria promovido a redator. Teria, enfim, um salário!

Fiz planos: mudaria para um apartamento, em um lugar mais central. Talvez, com o tempo, compraria um carro! Pois todo dia, ao final do expediente, pegava um ônibus até a cidade universitária. De lá, dois até a casa de meus pais. Era cansativo. Já não tinha tempo para ler, sair, ir ao cinema. Além do mais, no final de semana entrara para um grupo de teatro. Não simplesmente amador. Era um projeto para fazer espetáculos na periferia, gratuitos. Em pouco tempo, minha cabeça estava uma loucura.

Na agência de publicidade, eu convivia com pessoas cujos valores eram bem materiais. Queriam morar bem, comer melhor ainda, comprar carros do ano. A ascensão profissional, a conquista de *status* era identificada com o sucesso pessoal. Ou seja, uma pessoa era valorizada quando passava a ganhar melhor, quando vestia-se com roupas de grife. O mundo publicitário tem características próprias: seus profissionais são criativos e inteligentes. Senão, dificilmente sobrevivem na profissão, muito competitiva, com os executivos das empresas-clientes sempre cobrando resultados. Mas há uma coisa fundamental quando se escolhe uma profissão. Os colegas serão seus pares, vão se transformar em amigos, é com eles que você vai sair, através deles encontrará amores. Eu até me apaixonara por uma desenhista do departamento de ilustrações. Namoramos algum tempo. Os sonhos dela eram absolutamente convencionais: casar, ter um bom apartamento. Assim como de meus companheiros, meu parceiro na criação, meu diretor. Eu não me identificava de fato com aquelas pessoas. Não havia nada de errado com elas. Compartilhava muitos de seus desejos. Tentava trabalhar bem. Só não me sentia fazendo parte daquele time.

Eu me identificava bem mais com o pessoal do teatro. Ao contrário da publicidade, onde as discussões ficavam no limite do profissional, no teatro andávamos em pé de guerra! Uma parte do grupo queria se profissionalizar. Outra, mais radical, via sentido apenas em fazer um teatro político. Sempre tive, confesso, uma tendência extremista. Fiquei com o lado radical. Montamos um pequeno grupo, com um pessoal que vivia em bairros distantes da Zona Leste. Não queríamos ganhar dinheiro algum. Víamos o teatro como uma arma para mudar a sociedade. Talvez para muita gente, nos dias de hoje, onde certos sonhos políticos já não têm tanta força, isso possa parecer estranho. Vivíamos ainda sob a ditadura militar. Enfrentar o governo, lutar pelas liberdades, pela democracia, apresentava-se como o mais importante. Eu acreditava em um futuro socialista, onde todos os homens pudessem se dar as mãos, o dinheiro fosse dividido, não houvesse fome e fossem todos irmãos. Não havia lido muita teoria política — esse é um assunto em que jamais me aprofundei. Almejava um mundo mais justo, e o socialismo parecia ser o caminho. Não, não pertencia a nenhum partido. O Muro de Berlim não havia caído. Ainda existia a União Soviética. Apesar de evidências históricas, como o governo de Stálin, responsável por incontáveis mortes, e de invasões como a da República Tcheca, para abafar uma onda liberal, ainda queríamos acreditar que a Rússia encontrara o caminho da justiça social. (Muito mais tarde, ao conhecer Budapeste, vi num museu uma parte da História da Dominação Soviética na Hungria, com filmes repletos de camponeses sorridentes, claramente mentirosos e todo um aparato de dominação que me arrepiou.) De fato, o mundo estava dividido entre "direita" e "esquerda". Os militares, que haviam prendido meus amigos, torturado pessoas, destruído parte do corpo docente das universidades, eram a expressão da direita. No México, eu ouvira testemunhas oculares sobre o golpe de Pinochet no Chile, quando derrubou, a tiros, o governo eleito do presidente Salvador Allende. Centenas de pessoas presas em estádios, metralhadas, torturadas, simplesmente por serem contra o regime.

Bem, com esse estado de coisas eu não podia concordar. O pessoal de teatro ao qual me ligara, tão radical, pensava justamente assim: era preciso mostrar ao povo que devia se revoltar, lutar contra as imposições do governo militar. Montamos uma peça, chamada *De um homem não se perde nada*, escrita por mim, Márcia e Altair, os cabeças do grupo. Era a história de um homem cujo coração fora roubado para ser vendido em um transplante. Sem o coração, ele tinha uma hora de vida para contar sua história. Mostrando, como de fato, o coração das pessoas era roubado em nome do lucro.

Sábados e domingos percorríamos pequenos teatros e igrejas. Eu fora escolhido como o ator principal, e gritava por um coração todos os fins de semana. Já não pensava em me tornar profissional. O projeto era amplo: atuava, escrevia, ajudara com os figurinos, espalhava cartazes pelos bairros, até vendia ingressos!

Outro grupo, capitaneado por Celso, um amigo, chegou a montar um jornal também só para a periferia. Recebemos uma denúncia de que certa fábrica explorava menores. De máquina em punho — sabia alguma coisa de fotografia — fui até lá. Cheguei na porta, com ar distraído, entrei, sorri.

— Posso tirar uma foto?

Como se fosse turista. Tinha experiência em viagem. O gerente permitiu. No final de semana publicamos o escândalo. Um grupo de menores trabalhando sem condições. A foto era a prova!

Só que havia uma contradição enorme entre as duas turmas. O pessoal da publicidade laboriosamente dedicado a vender produtos. O do teatro, pensando em virar o mundo de cabeça para baixo. A conversa de um simplesmente não combinava com a do outro. Eu me sentia dividido. Adorava as perspectivas profissionais do mundo publicitário. Gostava, sim, de criar anúncios, participar de campanhas, mas também me sentia atuante no teatro político. Pior: de noite, na faculdade de Jornalismo, já convivia com profissionais. Explico: na época surgira a exigência de um curso universitário para quem trabalhasse em Jornalismo e não tivesse um certo número de anos na profissão. Pessoas com experiência e até com cargos de direção voltaram para os bancos escolares. Os jornalistas eram críticos. Boa parte deles também se posicionava à esquerda do regime. Censuravam meu trabalho em publicidade.

Eu defendia:

— É legal. Posso criar, ficar horas em um texto... até estou escrevendo melhor.

— Se o seu negócio é só ganhar dinheiro...

Eu era ingênuo e um tanto radical. Só mais tarde aprendi que o mundo é como uma grande orquestra. Cada trabalho tem sua função. Embora passasse mais de oito horas por dia na agência, não conseguia vestir a camisa. (Não nego que tive meu troco anos mais tarde: justamente o diretor da agência onde eu trabalhava mostrou-se um patrono das artes, montando exposições importantes, e aprendi a admirá-lo. Mais ainda: quando minhas peças teatrais começaram a ser montadas, descobri que sem o apoio de publicitários e seus clientes era impossível conseguir verbas, divulgar a temporada... Foi quando entendi que, afinal, uma coisa depende da outra e toda carreira é respeitável.)

A coisa estourou quando houve uma grande manifestação contra a morte do jornalista Vladimir Herzog, morto nos porões da ditadura militar. Haveria uma missa ecumênica com um cardeal, um pastor e um rabino na Catedral da Sé, no centro de São Paulo. Eu não podia ir. Minha obrigação era criar novos anúncios, campanhas...

Meus amigos insistiam: eu não podia deixar de participar. O pessoal da faculdade não faltaria. Eu me senti excluído. Era como se traísse meus sonhos! Fui até meu chefe, o diretor de criação, e avisei:

— Eu vou à missa. Não tem jeito, eu vou.

Ele suspirou.

— Não deixe ninguém saber. Seguro as pontas.

Era um bom sujeito, o Sérgio. Não entendia muito bem meu radicalismo. Ainda pediu:

— Tente não levar nenhuma cassetada da polícia, porque vai ser difícil explicar se você aparecer machucado. Ou se for preso.

Lá fui eu. O clima foi tenso. Milhares de pessoas povoando a praça, a catedral. Os militares em torno, ameaçadores. Sabia-se que estavam dispostos a prender e bater, quando as pessoas saíssem pelas ruas laterais. Mas eu e minha amiga Márcia tínhamos um esquema. Fomos de metrô. Descemos na praça. Participamos. Choramos. Ao final, partimos de metrô, evitando o exército a cavalo.

Acredito que até mesmo os outros diretores da agência teriam entendido minha atitude. Não eram tão admiradores do regime militar como eu possa dar a impressão. Eu é que não sabia conciliar as coisas. Senti, simplesmente, que não queria lutar para um dia ser diretor de criação como o Sérgio. Não sabia para onde, nem qual o caminho a seguir. Percebia que minha vida devia tomar outro rumo. A intuição é sempre importante para fazer escolhas. Muita coisa, é claro, entrou na conta. A namorada do departamento de ilustrações rompera comigo. Meu salário continuava baixo. Um amigo da faculdade anunciou que a editora onde trabalhava contrataria novos redatores.

Passei por uma bateria de testes. Iam atualizar uma enciclopédia. O salário era quatro vezes maior do que eu ganharia se fosse contratado na agência. Lutei bravamente, teste após teste de redação.

Como já disse, sempre fora um bom aluno. Lera muito. Trabalhara em uma editora de livros. Fui contratado.

Pedi demissão da agência, para surpresa do diretor de criação.

— Ei, nós investimos em você um ano... E agora que vai melhorar resolve sair?

Respondi a verdade. Não me entusiasmara pela publicidade. Sentia que não era minha vocação.

Dali a alguns dias, estava sentado em uma mesa acoplada a outras três, redigindo verbetes. Funcionava assim: recebia o texto da enciclopédia antiga, desatualizada, e uma pesquisa feita por um conhecedor da área. Redigia o número de linhas estabelecido. Em seguida, outro. E outro... outro... outro!

Pode parecer chato, descrito dessa maneira. Mas tinha um lado fascinante. Em um dia, escrevia sobre Egito, Eneida, Enologia. No outro, dependendo do grupo que me dessem, sobre Abelha, Artes Plásticas, Antilhas. Meus colegas haviam sido recrutados junto comigo. Almoçávamos juntos. Saíamos nos finais de semana.

Falávamos sobre nossas vidas e ambições. Aos poucos, resolvi deixar o grupo de teatro. Queria mais tempo para mim. Comecei a ter, novamente, vontade de escrever, de desenhar...

Aluguei um apartamento. Fui morar sozinho. De fato, na casa dos meus pais, não havia como escrever à máquina durante a madrugada. Muitas vezes levava trabalho extra para casa, pago por fora. O som das teclas incomodava também os vizinhos dos sobradinhos colados uns nos outros. Botei um colchão na sala. Fogão, só um daqueles de acampamento, de uma boca. Geladeira pequena. Cama e armário. Uma mesa, que eu mesmo desenhei e mandei fazer. Outros móveis encontrei em lojas beneficentes, que vivem de doações. Tudo barato, mas bonito, pintado.

Saía cedo para trabalhar. Ia direto para a faculdade. Fazia novos amigos e gostava do ambiente. Achei que poderia ficar naquele emprego o resto da vida.

Três meses depois, começou um boato.

— Vai haver uma onda de demissões.

Levei um susto. A explicação: a editora fizera muitas contratações para a enciclopédia. Entretanto, não havia novos projetos à vista. Ao terminar o trabalho com os verbetes, nem todas as pessoas poderiam ser absorvidas. Outras, contratadas há anos, também não teriam o que fazer. De fato, haveria uma redução na linha de publicações.

Os redatores mais antigos revoltaram-se. Fizeram assembleias para discutir maneiras de enfrentar o patrão.

— Vamos dizer não às demissões — gritavam os líderes.

— Temos que insistir em novos projetos.

A maioria dos redatores vinha do mundo estudantil, onde as assembleias e greves eram frequentes. Alguns haviam sido líderes de esquerda, muitos presos pelo governo militar. Eu me senti amparado. Protegido. Íamos lutar!

Aos poucos, fui percebendo que a história era outra. A tal justiça social funcionava para o lado deles. Uma das editoras-chefes me explicou:

— Veja, nós teremos critérios de demissão. Não é justo botar na rua um homem casado, com filho, que sustenta uma família. Um rapaz como você pode se virar muito bem.

Ao ouvir tal argumento, eu me senti tremendamente injustiçado. Quem era ela para saber das minhas necessidades, dos meus sonhos? Da minha família? As assembleias pegavam fogo. Chamaram o diretor-geral da empresa para explicar a história das demissões. Ele resolveu comparecer. Resolveu a situação com uma frase.

— Daremos preferência em manter os redatores mais antigos e demitiremos os mais novos.

Gelei! Mal chegara aos quatro meses de emprego!

Imediatamente, o tom das reuniões arrefeceu. Os líderes já não brigavam tanto. Surgiram discussões sobre como apresentar novos projetos, que poderiam vir a ser aprovados para salvar algumas cabeças. Eu entendi. Os editores-chefes começaram a se reunir para fazer a lista dos demitidos. Sem dúvida, meu nome estaria lá.

Resolvi mostrar o que pensava da atitude de todo mundo, de toda aquela palhaçada de assembleias, ameaças só para defender a parte dos mais antigos! Tinha um amigo no departamento de arte. Fizemos uma galinha preta de papelão. Arrumamos umas cumbucas. No dia seguinte, bem cedo, botamos a galinha, as cumbucas com farofa e algumas velas acesas com um cartaz contra as demissões. Como se fosse um despacho!

Era uma maneira de dizer que, se as assembleias não funcionavam, os líderes se calavam, bem... que os deuses africanos ajudassem.

Só que o clima era tenso. Começou um ir e vir. Outros ameaçados foram trazendo oferendas. Mais velas, mais cumbucas... e, no fim, todo o *hall* do elevador estava tomado pela "macumba"! Em outro prédio, o dono da editora ficou furioso. Telefonou. Mandou o diretor do departamento tirar o despacho. As faxineiras se revoltaram. Tinham medo. O prédio praticamente parou. Todo mundo ia olhar, comentava, ria. Os editores-chefes sentiam-se ridículos! Mexer, ninguém botava um dedo!

Ao final da tarde, veio uma equipe de limpeza de outro edifício. Tiraram tudo. Devia ser segredo. Quem fica calado em um prédio repleto de jornalistas? No dia seguinte todo mundo sabia o nome dos responsáveis. Algumas pessoas vinham me cumprimentar, morrendo de rir. Os mais politizados criticavam:

— Você ridicularizou nossa luta!

Nenhum dos chefes veio falar diretamente comigo. Se até então havia alguma dúvida, agora não existia mais. Eu estava na lista dos demitidos.

Dali a poucas semanas, fui chamado na sala da editora-chefe responsável pelo meu departamento.

— Sinto muito, mas não podemos ficar com você.

Eu já sabia. Compareci ao departamento pessoal. Recebi férias, décimo terceiro proporcional e parti. Nunca me sentira tão traído. Fora recrutado, deixara um emprego fixo com perspectivas, meu trabalho era bem aceito, meu texto aproveitado integralmente e não fora nem um pouco valorizado. Pior: quando me contrataram já sabiam que o projeto da enciclopédia estava previsto para seis meses. E que, ao final, boa parte dos novos redatores seria dispensada se não surgissem novos títulos. Possibilidade, de fato, tecnicamente impossível, pois a empresa não vinha se expandindo há bastante tempo. Havia, sim, uma desonestidade implícita na minha contratação, não por parte do dono da empresa, que nem sabia disso, mas justamente daquelas pessoas que falavam tanto em solidariedade e justiça social!

Uma colega da agência de publicidade que começara a estagiar comigo já fora contratada. Tinha um bom salário. Telefonei para meu antigo chefe, o diretor de criação. Senti na sua voz muito mais amizade que em alguns redatores da editora, antigas lideranças políticas.

— Puxa, que pena, você perdeu o emprego. Mas aqui não vai dar. O pessoal da cúpula ficou muito chateado quando você saiu.

Ou seja: eu não podia voltar. Talvez se não tivesse sido tão sincero ao explicar como não conseguia vestir a camisa da agência...

Também não terminara a faculdade. Não via perspectivas.

Não queria perder as pequenas coisas que conquistara. O apartamento sem elevador no terceiro andar, meu fogãozinho com uma boca só...

Agora tinha despesas fixas. Em alguns meses, não haveria mais como pagar o aluguel.

13. Fase negra

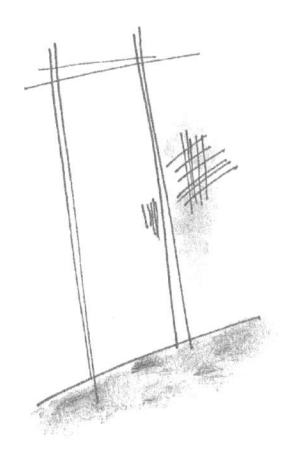

Diante de sérias preocupações financeiras, o desejo de descobrir uma vocação diminui. As preocupações do dia a dia tornam-se maiores. A vontade de conquistar alguma segurança parece suficiente. Não se trata de esquecer os sonhos. A vontade de trabalhar em determinada área. Desabrochar um talento. Em certas situações, a certeza de um salário no fim do mês é o bastante.

Há muito tempo eu vivia imerso em necessidades financeiras. Cometera algumas loucuras, como largar a editora para viajar. Um erro de cálculo, ao pensar que o emprego na enciclopédia era seguro. Até invejava alguns amigos melhores de vida, que podiam esperar por um emprego legal. Ou tentar uma carreira difícil.

Entrei em uma fase complicada. Ao comparecer às entrevistas, apresentava minha carteira profissional. Vinha a primeira pergunta:

— Por que ficou tão pouco tempo em cada empresa?

Eu falava da viagem. Da enciclopédia. Dava a impressão de inconstante. Acabavam escolhendo outra pessoa, com mais garantias de estabilidade. Um professor que quase me arrumou um emprego explicou:

— Como você é jovem, a empresa terá que investir algum tempo, até que aprenda o trabalho. Se você pedir demissão, será tempo e dinheiro jogados fora. O pessoal da diretoria prefere alguém que não fique pulando de galho em galho.

Algumas vantagens eu tinha. Sabia inglês e meu texto era razoavelmente bom. Tudo parecia dar errado. Existem fases assim, na vida. As coisas simplesmente não caminhavam. Procurei meu antigo patrão, na editora que abandonara para viajar. Ele me arrumou um livro para traduzir. Passei um mês trabalhando seriamente, com todo o cuidado. No meu lugar ficara um grande amigo, que fez tudo para me ajudar. Ao final, quando entreguei o livro, ele foi para as mãos de uma revisora. Uma senhora idosa, que trabalhara comigo em regime temporário, durante meu tempo na empresa. Eu fizera de tudo para contratá-la. Pois foi a própria quem foi a direção dizer que a tradução estava péssima. Era um texto técnico, e eu me sentia bem seguro. Ela falou tão mal do meu trabalho que não fui chamado para novas traduções. Nunca entendi o que motivou a mulher a me atacar daquela maneira. Eu a considerava uma amiga.

Conheci uma jovem que trabalhava em uma revista de contos infantis. Pagavam bem pelas histórias. Respirei fundo. Há muito tempo não tentava escrever ficção. Até achava que essa fase da minha vida havia passado. O dinheiro interessava. Passei dias em cima de um texto. Levei. Ela gostou. Mandou ilustrar.

— O pagamento é um mês após a publicação.

Não é que naquele mesmo mês ela foi demitida? Sua chefe, uma autora de livros infantis já conhecida, e também responsável pelo projeto da revista, me chamou. Vi o texto já pronto para ser impresso.

— Eu acho que você pode mexer aqui no começo... e talvez um pouco no final — ela comentou.

Fiz algumas perguntas. Faria o que ela mandasse. Depois de alguma conversa, ela disparou.

— Pensando bem, acho melhor você tentar escrever um outro.

Amassou o papel. Ou seja: nada de publicação! (É interessante porque muito tempo depois, essa mesma escritora tornou-se minha grande amiga e incentivadora. Os primeiros passos na minha carreira foram acompanhados por ela. De fato, aquele primeiro conto era fruto da vontade de levantar uma grana. E não da ambição artística. Talvez por isso tenha sido recusado.)

Ainda na área da literatura, sofri outro revés. Uma revista masculina lançou um concurso de contos. Novamente escrevi, reli, mexi. Enviei com pseudônimo, como era exigido. Dois meses depois, a revista anunciou o nome dos vencedores, também através de pseudônimos. Eu estava lá, entre eles! Era preciso assinar uma carta, autorizando a publicação. O prêmio em dinheiro também interessava.

Levei a carta pessoalmente na redação. A secretária me recebeu com um sorriso. Até me cumprimentou pela vitória. Dias depois, recebi uma resposta oficial. Dizia simplesmente que houvera uma confusão, de duas pessoas com o mesmo pseudônimo. Quem vencera fora outro!

Também sonhava escrever novelas de televisão. Não era ainda uma profissão tão disputada quanto hoje em dia. Escrevi algumas histórias e textos com diálogos. A garota do meu colégio que se tornara atriz tentou me ajudar. Levou-me até o diretor da emissora. Pediu que me recebesse. Ele foi muito gentil. Sentei-me à sua frente. Expliquei minhas ideias.

— São boas! — respondeu.

Deixei meu textos. Mas era gato escaldado. Havia colado levemente algumas páginas. Nada que causasse dificuldade na leitura. Assim, saberia se meus textos haviam sido pelo menos manuseados. Algumas semanas depois, voltei. O assistente me recebeu com a pasta na mão.

— O diretor achou que você ainda é muito novo para escrever. Os textos estão verdes.

Decepcionado, parti. No ponto de ônibus abri a pasta. As folhas continuavam coladas. Ninguém sequer abrira para ler. (Hoje, que recebo muitos textos, também não tenho o hábito de lê-los. Prefiro ser franco: digo que não tenho tempo e que como autor prefiro apresentar meus próprios projetos. Aprendi que mentir machuca. Mais que isso: pode fazer uma pessoa desacreditar de si mesma.)

Era um revés atrás do outro. Para falar francamente, eu tinha apenas uma vaga vontade de me tornar escritor. Não suava em cima das teclas. Voltei a desenhar. Apresentei-me a uma peça de teatro em fase de ensaios para criar cenários e figurinos. O produtor me fez promessas. Disse para voltar. Eu ia duas vezes por semana ao teatro e sempre a mesma conversa:

— Eu vou falar com o diretor, mas...

Até que um ator do elenco me explicou:

— Você está sendo enrolado. Já contrataram um cenógrafo e um figurinista.

Entrei para um curso profissional de fotografia. Hoje, com a câmera digital, nem todo mundo sabe sobre esse longo processo. A máquina capturava a imagem em um filme. Era preciso ter olho para acertar a definição. Revelava-se o filme em um laboratório escuro, iluminado apenas com uma pequena lâmpada vermelha. Quando mergulhado em material químico, surgia a imagem. Em seguida, através de um projetor, ela era transmitida para o papel. Novamente, o papel fotográfico passava por bacias com produtos químicos e posto para secar em varais dentro do próprio laboratório. Era maravilhoso assistir ao processo da imagem surgindo aos poucos, sobre o papel! O curso durava seis meses. Um colega tentava o cargo de fotógrafo na prefeitura. Comentei que ainda não sabia como buscar um trabalho na área. Uma jovem, também aluna, comentou:

— Você ainda não sabe bem o que quer.

Era verdade. Já tentara aprender cinema. Pensava em uma bolsa para o exterior. Conheci um rapaz do Partido Comunista. Na época, as artes gráficas na Polônia, submetida à União Soviética, viviam o apogeu. Falei com ele. Como eu fora indicado por amigos, foi simpático.

— Há possibilidade sim. Traga o currículo.

O partido era proscrito. Ilegal. Um mês depois, os militares fizeram uma grande devassa, prendendo vários de seus membros. O rapaz me chamou às pressas. Devolveu o currículo.

— Leve. É perigoso deixar comigo.

Mais uma possibilidade que ia pelos ares! (Atualmente, com todos os partidos legalizados, pode parecer difícil entender que alguém fosse preso apenas por ter ideias diferentes das do governo. Eu vivia sob uma ditadura. Ditadores são assim: não admitem nem mesmo uma opinião contrária. Eu até me espanto, pois, às vezes, ouço pessoas mais velhas dizer que na época do governo militar não havia tantos problemas. Sempre respondo:

durante a ditadura, simplesmente não se podia publicar, ou até mesmo discutir, nada a respeito de corrupção, obras governamentais, decisões judiciais e prisões ilegais. Um grande jornal de São Paulo, na época, teve tantas notícias censuradas que passou a publicar poemas de Camões e receitas culinárias para deixar claro que lá devia estar uma notícia proibida. Uma novela chegou a ser proibida de entrar no ar. Filmes eram cortados de acordo com a opinião particular do censor. Músicas e livros foram proibidos. Artistas exilados. Na democracia existem problemas sim. Mas o cidadão pode falar, atuar, processar, denunciar, lutar pelos seus direitos.)

Bem, eu continuava procurando uma oportunidade. Ajudado por um primo, comecei a vender fundos de investimento. Tinha a maior dificuldade. Minha obrigação era ir atrás de clientes, fosse onde fosse. Falava com amigos. Mostrava as vantagens. Fiz pouquíssimos negócios. Ainda bem. Logo houve uma retração do mercado e gente que eu conhecia, nem todos meus clientes, perdeu boa parte de suas economias. Tentei ser corretor de imóveis – é uma profissão onde teria me adaptado. Sempre gostei de ver casas, apartamentos, imaginar reformas. Só que era preciso ter carro. E eu nem sabia dirigir!

Conseguia me sustentar com dificuldade redigindo textos como *free-lancer*. Explico: muitas publicações têm uma redação razoavelmente pequena. Contratam colaboradores para trabalhar em casa, ou mesmo na empresa, por tarefas. Muitas pessoas da empresa que publicava a enciclopédia acharam injusta a minha demissão e por isso me davam trabalho. Mas era um ganho instável, por página! Às vezes, trabalhava que nem doido para terminar tudo. Outras, passava semanas sem uma encomenda.

Quando as coisas estão difíceis, elas se tornam piores ainda. Estava para terminar a faculdade. Havia uma matéria, Matemática, oferecida somente de manhã. Eu só ia a uma aula ou outra. Alguns amigos assinavam as listas de presença em meu lugar. No final do ano, tinha créditos para passar. Faltavam duas presenças. Fui falar com o professor. Pedi que me abonasse as faltas. Ele se recusou. Perdi o ano. Fiquei "devendo" a matéria. Pior: no semestre seguinte, ela saiu do currículo. Tive que esperar mais um ano para que fosse oferecida, somente a pessoas na mesma situação que eu. Ninguém foi às aulas, mas todo mundo foi aprovado. Meu diploma demorou um ano a mais por causa de uma matéria que fora retirada do currículo!

Só por isso não saí novamente do país. Queria terminar o curso universitário. Fizera amigos no México, e alguns me convidaram a voltar para lá.

— "A editora continua com os livros em português, você vai ter o que fazer" — garantiam.

Por pouco não me decidi. Mas eu passara toda a minha infância ouvindo papai falar sobre a importância de um diploma universitário. Muitos dos meus primos não haviam estudado e tinham empregos subalternos. Meu irmão finalmente fizera uma faculdade. Bom profissional, montou uma pequena empresa de tintas. Trabalhavam ele, a mulher, seus cunhados e... papai! Sim, meu pai conseguira se aposentar. Vendeu o estacionamento e foi ajudar meu irmão. Recebia um salário suficiente para concluir a educação do filho caçula.

Era assustador. Muitos dos meus colegas de colegial já estavam encaminhados na vida. Eu iniciara uma faculdade, não concluíra e começara outra. Fora viajar dois anos. Tentara várias carreiras, sem me fixar em nenhuma. Sentia que estava perdendo tempo. Encontrei um rapaz do colégio. Era médico e trabalhava em um hospital. Outro se tornara fotógrafo de cinema. Duas colegas terminavam o doutorado em História, com bolsa para a França. Outro, dava aula de Economia como professor-assistente de uma faculdade. Um amigo que estudara Direito já trabalhava em um grande escritório. Um vivia na Inglaterra, outro na Suécia. Uma garota, um ano mais velha do que eu, fora contratada pela televisão. Fazia novelas. Tornara-se uma atriz famosa. Só comigo as coisas pareciam não acontecer!

Ao mesmo tempo, na editora onde buscava meus trabalhos de *free-lancer*, eu via o outro lado do espelho. Quarentões que sonhavam se tornar escritores e mal terminavam alguns contos. Mostravam seus textos, aguardando elogios. Visitavam-se, para gastar o tempo em conversas azedas, falando mal do sistema político, da literatura, do mundo. Não só escritores frustrados. Conheci também cineastas, que não realizaram um filme, atores, que jamais subiam ao palco, gente de todo tipo com uma vocação que não conseguira realizar. Pessoas que culpavam o mundo, jamais chamando a responsabilidade da vida para si próprias. Costumo dizer que um grande amor rejeitado transforma-se em raiva, até em ódio. A vocação frustrada vira vinagre. Azeda.

Muitas noites, passei diante de mesas de bar, bebendo cerveja e participando da crítica a tudo e a todos.

Um dia eu percebi: estava me tornando igual a eles!

Já me via dali a alguns anos, barbudo, com a barriga de cerveja, em algum emprego do tipo que se consegue para sobreviver, pensando no que poderia ter sido e não fui. Sentia que precisava tomar coragem. Buscar um caminho. Ainda não sabia como!

Tive mais decepções. Consegui um trabalho em uma editora que criava projetos especiais. Eram revistas para empresas, cada uma com um formato. Pude respirar e manter meu apartamento mais algum tempo. Alguns meses depois, meu diretor me chamou. Era preciso criar uma revista em quadrinhos mostrando as virtudes dos militares.

Estava sendo iniciado o processo de abertura política que fez o país retornar à democracia. Exilados políticos retornavam. Regina, minha amiga do México, já voltara com seu filho, Pablo. Nos víamos sempre.

No governo, havia duas tendências. Uma, que felizmente venceu, era encabeçada por um grupo desejoso de, aos poucos, fazer o país retornar à democracia. Outra, radical, almejava reviver os tempos de linha dura. Houvera uma tentativa de explosão durante um *show* no Rio de Janeiro. O famoso atentado do Riocentro. Uma bomba estourou antes da hora, expondo todo o plano. Com o escândalo, a linha dura arrefeceu. Um juiz tomou uma decisão ousada: responsabilizou o governo pela morte do jornalista Vladimir Herzog na cadeia. Descartou, assim, a tese oficial de que fora um suicídio.

O projeto que me pediam era contra todas minhas convicções. Fui até meu chefe. Expliquei que tivera amigos presos, torturados, exilados. Ele entendeu.

— Só não conte a ninguém que você se recusou. Vou passar o projeto para outro.

Concordei. Não queria passar por herói, era uma questão íntima. "Ele compreendeu", pensei. Um mês e meio depois fui demitido.

Ninguém assumiu que eu perdera o emprego por causa da recusa. Mais uma vez, veio a desculpa:

— Estamos fazendo um corte de pessoal.

Até aí eu estava tranquilo. Fora uma atitude arriscada. Eu sabia que podia pagar a negativa com a perda do emprego. Apesar dos problemas financeiros, eu me sentia íntegro. Então, começaram as decepções.

Contei o ocorrido para vários amigos com ideias de esquerda. Todos me apoiaram. Aplaudiram minha atitude.

— Nunca vai se arrepender — disse um deles. — Há momentos na vida em que a gente escolhe quem vai ser para o resto da vida. Você agiu de acordo com seus princípios e isso tem um tremendo valor.

Vários garantiram que iam me arrumar um emprego. Nenhum fez o mínimo esforço. De fato, para trabalhar em uma grande empresa, é preciso saber compactuar, negociar, ser flexível. Meu estilo parecia, aos olhos de possíveis chefes, rebelde, incapaz de ceder. Precisava trabalhar. Fosse onde fosse. Um casal de amigos me apresentou à diretora de uma agência de publicidade. Recebeu-nos na casa dela. Uma mansão em um bairro nobre. Só para se ter uma ideia, o teto era de concreto, com um terraço onde nasciam árvores! Linda, loira, simpática, ela chorou ao ouvir minha história.

— O que você fez é muito bonito! — disse.

Prometeu me ajudar no que pudesse.

— Seja sempre assim! — despediu-se.

Dias depois, por acaso, conheci uma redatora de sua empresa. Ela sorriu, encantada:

— Já ouvi seu nome. Minha chefe tem a maior admiração por você.

Bem, o que esperar após tal comentário? Um telefonema, é claro. A diretora era de esquerda, me admirava, viu e elogiou os trabalhos que apresentei. Questão de tempo. Ahn? Estou esperando o telefonema até hoje.

Digo a verdade: apesar dos problemas, não me arrependi. Ter recusado um trabalho que ia contra meus princípios me fez bem. E me ajudou a ser o que sou. Parte de minhas vitórias, hoje, devo também a uma busca, muitas vezes ingênua, de fazer o que é certo.

Um amigo estava largando o emprego em uma grande revista. Pedi que me apresentasse. Ele disfarçou. Passou um bom tempo prometendo que ia falar com o editor-chefe. Depois de semanas, veio com a resposta:

— Já acharam alguém.

Não digo que ninguém me ajudou. Mas nenhum amigo ou conhecido com posição de importância. Os mais fiéis só podiam conseguir um texto aqui, outro ali. O suficiente para eu me manter com dificuldade. Meu orgulho andava tremendamente ferido. Cada vez mais, sentia ficar para trás. Ter uma atitude admirável, corajosa, defender minhas convicções parecia não ajudar nada o meu currículo.

Não podia mais pagar o aluguel sozinho. Um colega de faculdade resolvera tentar a vida na Inglaterra.

— Vou lavar pratos! — avisou.

Seu colega de apartamento procurava alguém para dividir as despesas. Mesmo sem conhecê-lo muito bem, eu o convidei a vir para o meu. Estabelecemos os custos. A comida ficaria, como eu aprendera nos Estados Unidos, dividida em prateleiras na geladeira. Mas nada precisava ser tão rígido.

No início nos demos bem. Segundo me disse, recebia uma mesada da família para estudar. Enganava os pais, logo percebi. Não ia a escola alguma. Eu passava boa parte do tempo fora. Sou, como dizem os especialistas em sono, um tipo vespertino. Ou seja, tenho uma facilidade tremenda para trabalhar à noite e dormir de manhã. Não é questão de preguiça. De noite, rende mais. Muitas vezes eu voltava da faculdade e passava a noite redigindo os textos encomendados. Ele dormia. Quando eu acordava, já saíra. Também gostava de jantar na casa dos meus pais. Mesmo assim, percebi que o apartamento estava sendo muito frequentado. Parecia ter uma infinidade de amigos. Trancava-se em seu quarto e ficava com eles, enquanto eu escrevia fechado no meu. Também mantive o hábito de ler, muito, ao longo de todos esses anos. Enquanto estava no colchão, mergulhado em algum livro, às vezes, de madrugada, eu ouvia gente entrar e sair. Estranhei.

Nunca desconfiei da verdade. Até que ela despencou em cima da minha cabeça.

Morávamos em um prédio sem porteiro. Cada um tinha a chave da entrada. Cheguei no final da tarde e um amigo dele, visita frequente, esperava. Expliquei que o rapaz não devia estar, pois não atendera o porteiro eletrônico. Eu tinha a chave, ele poderia entrar, se quisesse.

— Eu preciso encontrar com ele de todo jeito, estou precisando muito da branca.

Levei um susto. Que branca era aquela?

— Ou você pode me arrumar? — perguntou ele.

Em resumo: meu colega de apartamento traficava cocaína. Todos os frequentadores não eram amigos, mas clientes! O entra e sai era da rapaziada comprando papelotes! Descobri, já naquela conversa, que meu colega de apartamento parecia ter um suprimento inesgotável de pó. O pior: todo mundo achava que eu traficava também. Óbvio. Ninguém poderia supor que eu não tinha a menor ideia do que acontecia no quarto ao lado. Francamente: só sendo muito tonto. A ideia simplesmente não passara pela minha cabeça.

Tive um arrepio. Imaginei a polícia chegando. Eu, preso. "Delegado algum vai acreditar que não tenho nada a ver!" Estava em uma sinuca. Se ele fosse pego, eu seria arrastado pelos acontecimentos. Já podia ver a expressão da minha mãe, do meu pai. Pior: a família não tinha dinheiro sequer para advogado. Talvez meu irmão mais velho pudesse ajudar. Porém, já tinha duas filhas, na ocasião. Não nadava em dinheiro. Sustentava a família, os cunhados e meu pai com a pequena fábrica. Além do mais, nem mesmo meus parentes mais próximos acreditariam na minha inocência. Há muito tempo pulava de emprego em emprego, vivia de trabalhos como *free-lancer* ou temporários. "Não ganhei a grana e vou acabar em cana", pensei, sabendo que fizera uma rima sem encontrar solução.

Fui procurar um amigo que o conhecia há tempos. Contei tudo. Ele surpreendeu-se.

— Todo mundo sabe que ele vende pó. Pensei que você estava no esquema.

Sim, o burro aqui era o último a saber!

Bem, se eu quisesse virar traficante, teria sido a oportunidade. Essa vocação nunca tive. Ainda bem. Também tenho sorte, do ponto de vista da minha identidade pessoal. Eu já conheci pessoas com uma grande tendência a se viciar. Uma espécie de problema de personalidade: viciam-se em jogo, bingo, bebida alcoólica, drogas. Sei de uma atriz que gastou toda a fortuna recebida em comerciais e novelas de televisão em drogas. Cocaína, principalmente. Atualmente, já madura, conseguiu abandonar o pó. Entretanto, não para de comer doces. Aos quilos. Tão loucamente que já se submeteu a uma cirurgia de redução de estômago. Mesmo assim, compra quilos de balas e continua engordando apesar do estômago minúsculo! Eu não tenho esse pendor. Já me ofereceram drogas, já bebi cervejas, vinho e uísque, já experimentei cigarros, charutos e cachimbos. Nunca me viciei. Jamais fui do tipo que bebe álcool todos os dias. Ou fuma. De certa maneira, só tenho um vício: ler. Sou incapaz de dormir sem passar algum tempo com um livro. Se viajo, também levo um. O livro sempre foi meu grande companheiro.

Precisava me livrar do traficante. Tive medo. Comecei a juntar os fios. Lembrei de alguns amigos agressivos, que vinham sempre de moto. Mais velhos. Resolvi ser diplomático. Expliquei que tinha decidido voltar a morar sozinho. Precisava do quarto dele para montar um ateliê de pintura. O aluguel estava no meu nome. Ele deveria sair. Foram dois meses de tortura.

Ele prometia, mas depois não se mudava. Não pagou o último mês, com o pretexto de que precisava do dinheiro para o novo aluguel. Parei de comprar gás. Demiti a faxineira. O apartamento ficou de pernas para o ar. Impossível ficar lá! Finalmente, quando partiu, levou quase todas minhas panelas, pirex e talheres. Percebi ao ver as malas gordas. Resolvi não partir para o ataque frontal. Que levasse!

Suspirei aliviado quando ele se foi. Mandei trocar o segredo da chave. Deitei e dormi longamente.

A situação financeira voltara a piorar. Teria que pagar o aluguel sozinho.

Mandei às favas qualquer sonho.

A duras penas, terminara a faculdade. Comprei um jornal especializado em concursos públicos. Queria prestar o primeiro que aparecesse.

— Quero algum tipo de segurança.

Que me perdoem os bons funcionários públicos. Eu não pretendia trabalhar. Só conquistar um salário certo e fugir do emprego o máximo possível. Sempre tive facilidade para estudar. Pensei, embora a ideia nunca mais tivesse me passado pela cabeça, desde a infância em ser... fiscal de rendas. Sim, eu sei que foi uma traição a tudo que já narrei. Mas não via alternativa.

Honesto, resolvi. Seria fiscal e pronto! O salário inicial parecia bom. Reuni os papéis necessários para a inscrição. Fui fazer a foto com data, como era exigida, no centro da cidade. O fotógrafo comentou, enquanto me ajudava:

— Quanta gente querendo mamar no governo!

Senti uma onda de vergonha. De fato, eu não tinha a menor pretensão de trabalhar bem. Só queria um salário para me ajeitar. Não se tratava de buscar uma carreira, como tantos fiscais. Mesmo assim, fui me inscrever. Havia uma longa fila. Quando estava me aproximando, desisti. Uma jovem nissei ainda se surpreendeu:

— Vai embora quando já está tão perto?

— É... vou...

Eu e minha amiga Regina tentamos outro concurso, de orientadores artísticos, em teatros do Estado. Passamos pela primeira fase. Não voltamos para a segunda. Finalmente, disse para mim mesmo:

— Tudo isso é mentira.

Não ambicionava, de fato, simplesmente ganhar a vida. Queria uma carreira. Realização que não dependesse só do dinheiro. Um sonho, enfim!

Estava tremendamente arrependido de ter deixado a agência de publicidade. A amiga que fizera estágio comigo e fora contratada já estava em outra. Ganhava superbem. Comprara um apartamento em um bairro nobre. Eu continuava sem perspectivas.

Reuni os poucos trabalhos do meu estágio. Textos para as publicações da editora. Consegui algumas indicações. Em todos os lugares, a decisão era a mesma. Minha experiência na área era mínima. Sempre havia alguém mais habilitado para a vaga.

Já não sabia o que fazer, quando surgiu uma nova oportunidade. O marido de uma amiga da editora me avisou. Estavam precisando de um redator para o departamento de publicidade. Eu reunia duas condições para o emprego: algum conhecimento de propaganda e o suficiente a respeito das publicações.

Corri para a entrevista. A diretora de criação, Christine, era uma sueca loira, magra, muito simpática. Resolveu me contratar.

Eu, que adorava passar as noites de olhos abertos como uma coruja, tive uma enorme sensação de alívio ao descobrir que teria de acordar todos os dias às sete da manhã para chegar ao trabalho!

Que felicidade! Um salário!

14. A vez do amor

Quando comecei, a alegria por ter uma renda mensal e pagar minhas despesas parecia suficiente. Consegui comprar um carro a prestação. O trabalho era razoavelmente simples. Fundamentalmente, a editora publicava livros em fascículos. Os temas eram variados: Culinária, História, Artes Plásticas. Mais tarde, eram vendidas capas para encadernar as coleções. Também havia algumas coleções de livros, uma delas, sobre teatro, muito boa. Algumas dessas publicações não exigiam nenhuma renovação editorial. Eram relançadas com distância de alguns anos. O grande investimento era na época da primeira edição, quando se gastava em fotos, tradutores e redatores. Mais tarde, bastava um editor para verificar as provas. O maior custo era o do papel e o da impressão. Ainda não entendi muito bem por que já não se publicam tantos fascículos como antes. Talvez por causa da internet, que facilitou as pesquisas. Ter uma boa enciclopédia em casa, por exemplo, era importante para todas as famílias com filhos em idade escolar, no passado recente. Hoje ainda existem excelentes enciclopédias, mas suspeito que menos compradores.

A cada relançamento era realizada uma campanha publicitária com anúncios em jornais e revistas, além de comerciais em televisão. Inicialmente, éramos dois redatores. Houve um corte de pessoal e dessa vez, fiquei! O outro foi afastado. Não posso dizer que me senti mal. Já perdera tantos empregos, que entraria em pane se saísse de mais um! O trabalho era tecnicamente chamado de criativo. Há uma grande diferença entre trabalhar em uma agência e no departamento de publicidade de uma empresa. Na agência, existem produtos e orçamentos variados. Alguns clientes exigem campanhas originais, outros preferem apostar no feijão com arroz. Há um grande movimento entre o pessoal da criação, sempre discutindo novas ideias, participando de prêmios, indo a simpósios, falando sobre o mercado, o trabalho de outras agências. No departamento de propaganda de uma empresa o cliente é um só. Os produtos não variam. Os responsáveis pela aprovação são pessoas que se conhece no corredor. Com suas qualidades e defeitos. Em pouco tempo, percebi que a questão de criatividade era relativa. A empresa sabia muito bem como vender as publicações. Bastava explicar exatamente do que se tratava de uma maneira agradável. Assim, uma série de fascículos com receitas culinárias poderia ser anunciada como: "Uma coleção de dar água na boca". Outra, sobre Geografia, com uma frase do tipo: "A volta ao mundo em 80 fascículos". Em seguida, havia um texto explicando em detalhes do que se tratava, elogiando as fotos e a facilidade de compreensão. O preço, em destaque, com alguma promoção: "Compre o número 1 e leve o 2 inteiramente grátis". O importante é que a pessoa decidisse iniciar a coleção. Boa parte jamais desistia depois de começar. Outra, parava em poucas semanas. Havia, inclusive, uma pesquisa mostrando a curva de desistência, para que não se investisse mais que o necessário.

Alguns meses depois, eu me sentia totalmente confortável. Era um trabalho fácil, seguro. Minha chefe aprovava o que eu fazia. Já conhecia alguns diretores da empresa. Não havia o que reclamar.

Quando eu decidira voltar para a publicidade, fora pensando em grandes oportunidades de ascensão profissional. Não era um trabalho que me apaixonasse. Eu pensava, sim, em um futuro material, após tantos revezes. Aos poucos, comecei a verificar vagas no mercado. Sempre que me apresentava, era rejeitado. Logo entendi o motivo. Meu trabalho era muito específico. Nenhum diretor de uma grande agência convidaria um redator com a minha experiência, tão limitada. Talvez conseguisse um emprego em outro departamento, de outra empresa. Era um futuro acanhado.

Além do mais, eu me apaixonara.

Conhecera, através de um amigo comum, uma garota linda. Sensível, ela queria escrever. Publicara um livro de sua autoria, pago pela própria família. Era morena, tinha olhos amendoados. E rica, muito rica.

Seria a nora dos sonhos de minha família. Seu pai possuía uma cadeia de lojas, onde já trabalhavam seus irmãos. Morava em um enorme apartamento nos Jardins, de um andar inteiro. Um dia em que nos encontramos, ela estava toda animada.

— Meu pai me comprou um apartamento em construção!

Fomos ver o prédio, em um bairro caríssimo. Cada apartamento tinha um terraço curvo, com piscina. A arquitetura era tal que um terraço não fazia sombra na piscina do outro! Era um sonho.

— Ele quer que eu tenha alguma segurança quando me casar — confidenciou.

Nos dávamos bem em tudo. Passávamos horas conversando. Ela me visitava em meu apartamento. No meu aniversário, ela veio com um bolo e presentes. Cantamos parabéns juntos. Falávamos dos nossos sonhos. Minha vontade de ser escritor renascera, com mais intensidade. Não me dedicava, é verdade, sempre trabalhando, pegando textos para fazer em casa, pagando carro e apartamento, ajudando minha família com presentes. O sonho de infância renascia. Era nosso único ponto de discórdia.

— Como você vai sustentar uma família? — rebatia.
Eu me defendia.

— A gente tem que lutar!

Dali a alguns dias, voltava a mesma conversa. Ela me censurava.

— Você ganha muito pouco na editora.

Aos poucos, fui entendendo. Ela gostava de mim. Tanto, que estava disposta a construir uma família, um futuro.

— Posso falar com meu pai — comentava ela.

Dependia de mim, dizer que queria.

— Ele pode achar uma vaga na empresa.

— Mas eu não entendo nada de administração!

Silêncio.

Há coisas para as quais simplesmente não tenho pendor. Controle de custos, caixa de entrada e saída de dinheiro, juros bancários, por exemplo. Eu me via sentado junto com o diretor da empresa tomando decisões sobre estoques, pessoal. Seria um chefe absolutamente incompetente. Para realizar alguma tarefa, é preciso ter um mínimo de identificação com o trabalho. Já me imaginava aboletado em um cargo, mandando em pessoas muito mais competentes do que eu. Pelas costas diriam:

— Ele só tem aquele cargo porque é genro do dono.

A mais pura expressão da verdade. Ainda não escrevia livros, mas construí a narrativa do que seria minha vida. Casaria com ela. Teria filhos. Minha mãe ficaria feliz, orgulhosa. Meu pai também. Meus irmãos e primos me admirariam.

— Puxa, ele casou com a herdeira!

Nos fins de semana, eu levaria meus filhos para a casa da mãe dela. Minha mulher talvez até ficasse um pouco constrangida diante de minha família humilde. Eu me afastaria dos meus. Pior, ficaria longe de mim mesmo.

Teria sempre um bom cargo, um bom salário. Viajaria para o exterior. Tudo que eu ganhasse, todo o meu empenho seria para sustentar o modo de vida da herdeira. Eu é que ralaria, dia após dia, em uma função pela qual não tinha o menor amor. Suportando talvez um sogro mau-humorado, de quem eu dependeria para tudo. Para manter o emprego, o salário e a paz familiar. Ela não pretendia trabalhar, já deixara claro. Ficaria em casa com os filhos. Nos fins de semana passearíamos. Eu seria, aos olhos de todos, um sucesso.

Mas eu não me sentiria realizado.

Estava sendo pressionado a abandonar o caminho no qual tateava. Escolher uma carreira para a qual não tinha a menor formação. "E depois, e daqui a alguns anos?" — pensei. Tomei coragem. Enfim, me expliquei:

— Eu não vou trabalhar com seu pai. Não quero. Sei que ganho pouco, mas tenho que descobrir... sei lá... eu tenho que fazer as coisas que gosto.

Seus olhos se encheram de lágrimas.

— Se eu precisar de um tratamento de saúde caro, por exemplo? Onde vamos morar, se você ganhar mal?

— A gente não precisa de tanto dinheiro para ser feliz.

Ela me encarou, triste. A partir daí não havia mais volta.

Brigamos.

Não posso dizer que minha atitude foi inteiramente consciente, nem tão heroica quanto possa parecer. Só reagi à ideia de ser obrigado a aceitar uma vaga junto ao futuro sogro, um homem irascível. Estaria preso a um estilo de vida que não dependia do meu talento. Mas da família. Isso eu não queria.

Quando nos separamos, chorei muito.

Passei dias absolutamente deprimido.

Tentei convidá-la para sair outras vezes, para conversar. Ela sempre aparecia com amigas. Ficávamos sentados em grandes mesas, todo mundo falando ao mesmo tempo. Entendi que não desejava mais nenhuma intimidade comigo. Cada um tinha tomado sua posição. (É estranho imaginar, tantos anos passados, e com a lembrança ainda tão viva desse amor, que tudo teria dado certo. Eu me transformei exatamente na pessoa que ela sonhava ter como marido, com uma boa posição, uma vida criativa. Para uma união dar certo, é preciso a vontade de apostar na vida, juntos.)

Ao mesmo tempo, fiz uma análise da minha situação.

Naquele emprego eu não tinha futuro. Não seria o trampolim para um cargo bem remunerado em uma grande agência. Por causa da quantidade de trabalho, e do salário, eu nunca tinha tempo para escrever ficção. A ideia não estava inteiramente abandonada. De fato, não conhecia nenhum escritor profissional. Só amigos que publicavam um conto, eventualmente. Ou um livro, em parceria com uma editora desconhecida, com o preço da publicação pago a prestação. Os volumes eram dados de presente, ou vendidos para ratear os gastos de impressão. Imaginei que talvez meu destino fosse esse: escrever eventualmente, ter o orgulho de um livro publicado. Por *hobbie*. Teria que viver de outra coisa.

Bem, eu ainda era jovem. Não chegara aos trinta anos.

Tinha um diploma de Jornalismo na gaveta. Devia ser mais divertido que escrever um texto parecido com o outro, dia após dia. O mercado publicitário parecia fechado. Talvez o jornalístico, por ser novo, se abrisse. Para cada vaga em jornal e revista importante, havia dezenas de candidatos. A campanha pelas eleições diretas — Diretas Já — se iniciara. Os exilados haviam retornado com a Anistia Política. O país estava sendo reconduzido à democracia. Boa parte dos exilados fora trabalhar em redações de jornais, justamente. O mercado havia se estreitado ainda mais. Comecei a perguntar, a pedir apresentações.

Finalmente, fiquei sabendo de uma vaga de repórter em uma revista importante.

Era preciso um gesto de coragem.

15. Aposta nas letras

Teria uma única chance de ser contratado. Não tinha experiência na área. Nem conhecia pessoa alguma na revista. Tudo dependia de minha ousadia.

Precisava entrar no prédio. Localizei um conhecido do departamento administrativo. Não era íntimo, mas pedi que me ajudasse.

— Está certo, mas não conheço o sujeito com quem você precisa falar — ele avisou.

Isso não seria problema. Talvez fosse até melhor. Já estava farto de ser apresentado por pessoas que não confiavam em mim. Que diziam meu nome timidamente, constrangidas, enquanto o responsável pela vaga me avaliava pensando: "como vou me descartar desse aqui?"

Na portaria do prédio, dei o nome do meu amigo. Fui autorizado a entrar. Conseguira descobrir o nome do editor responsável pela vaga: Alexandre Machado! Subi diretamente até o andar onde se instalava a redação. Agi como se fosse fazer uma entrega. Perguntei a um rapaz, sentado próximo a entrada, em uma escrivaninha, quem era o tal Alexandre, editor da área de comportamento. Distraidamente, ele apontou o dedo.

— Aquele lá.

Decidido, andei até a mesa. "Não tenho nada a perder. Preciso ir até o fim", pensei, com o coração acelerado. Alexandre lia um texto.

— Preciso falar com você — disse ousadamente, sem usar sequer o "senhor".

— Sente-se. Só vou terminar isso aqui.

Instalei-me à sua frente. Ele terminou o texto. Fez uma anotação. E me encarou.

— Sei que tem uma vaga de repórter. Estou interessado — disse eu.

— Qual a sua experiência? — perguntou.

Dei então a resposta mais corajosa da minha vida.

— Nenhuma. Mas sou quem você precisa.

— Ahn?

— Vou provar — continuei.

Comecei a falar de mim. Revelei o quanto gostava de escrever, de falar com as pessoas. Conhecer novos ambientes. Não tinha medo de trabalhar à noite, em fim de semana. Era minha batalha pessoal e eu a travei palavra após palavra.

Quando terminei, ele sorriu:

— Acho que você está contratado.

Falou do salário. Era menor do que eu ganhava. Não hesitei.

— Aceito. Mesmo sendo menos do que recebo no outro emprego. Quero aprender.

Dali a dez dias tinha uma mesa na redação, máquina de escrever, linha telefônica e centenas de folhas de papel a serem preenchidas. Durante as primeiras semanas só dizia bobagem. Ideias que nunca eram aproveitadas. Estava decidido a vencer. Observei o trabalho dos outros repórteres. No início, me davam missões quase sem importância.

— Estão reclamando da pintura da praça da cidade. Veja se dá matéria.

Eu ia. Entrevistava. Às vezes voltava, com a notícia. Outras, com a opinião.

— Não. É truque. Trata-se de uma associação de artistas querendo que a revista publique alguma coisa para conseguir uma verba e pintarem a praça de novo.

O editor sorria. Reclamei.

— Fui fazer uma reportagem e voltei sem nada!

— Fiquei contente porque soube avaliar a situação!

Pensava que sabia escrever. Puro engano! Nenhum texto meu era aproveitado. Entregava relatórios que eram inteiramente reescritos. Lamentei-me com uma colega, Mônica.

— Não se preocupe. Até jornalistas importantes demoram meses para aprender o estilo da revista.

O diretor era um grande jornalista, Elio Gaspari. Ficará na história, inclusive por ter escrito a principal obra sobre o governo militar. Superbem informado, convivendo com o poder, não deixava um texto ser publicado sem passar por ele. Ou por algum outro editor já afinado com seu trabalho. Todas as semanas, nas quintas e sextas-feiras, trabalhávamos até três, quatro horas da manhã, para mandar a revista para as gráficas. As máquinas de impressão não podiam parar. No jargão jornalístico, "fechar" uma matéria é entregá-la para publicação, já com as fotos, a página montada. Fechávamos a revista por cadernos, com hora certa para entrar na gráfica e ser publicada até o final da semana. O pessoal da área Política e Econômica era obrigado a ficar até o último instante a postos. Muitas mudanças no governo, em Brasília, aconteciam no final das tardes de sexta-feira. Era preciso falar com os jornalistas da revista que trabalhavam na capital política do país. Telefonar para deputados. Às vezes, um repórter de comportamento como eu era recrutado para ajudar na Política, ou na área Internacional.

A rotina era a seguinte, se é que havia tal coisa. Todo o tempo recebíamos revistas internacionais, jornais, livros, publicações. Eu lia francês e inglês. Catava eventuais notícias, assuntos de interesse. Escolhia fotos internacionais para comprar. Descobria figuras cuja história merecesse ser contada. Assuntos novos. Ou simplesmente telefonava para pessoas que fui conhecendo de várias áreas: moda, noite, artistas e milionários que gostavam de aparecer. Alguém sempre contava uma história. Eu ia atrás da notícia.

Tive tremendos golpes de sorte. Nunca vou esquecer de uma das minhas primeiras reportagens. Chamava-se "A medicina da beleza". Devia entrevistar médicos ligados à área estética. O único detalhe é que não conhecia nenhum. Não tinha a menor ideia de quem fosse importante. Abri a lista telefônica comercial. Na época pré-internet, um catatau imenso, repleto de endereços. Um médico especialista em implante de cabelos botara um anúncio. "Se fez propaganda, vai gostar de aparecer" — calculei.

Telefonei. Ao falar com ele, senti uma breve hesitação. Não entendi. Ele marcou a entrevista. No dia seguinte, lá estava eu, de bloquinho na mão, sentado em uma cadeira a sua frente. O homem nervosíssimo. Eu simplesmente não conseguia compreender o motivo. Fazia perguntas, ele respondia de forma monossilábica. Absolutamente constrangido. Parecia esconder algum segredo. Imaginei que usasse técnicas proibidas. Ou algo ainda mais escabroso. A certa altura, ele se virou para mim, dardejando um olhar.

— Vamos falar a verdade de uma vez.

— Ahn?

— Como você descobriu que fiz o implante de cabelos do ...

Citou o nome do mais famoso cantor da época. Ninguém sabia do implante. Eu acertara na mosca. Sorri, fazendo ar de segredo.

— Não posso revelar como soube. Quero os detalhes.

— Não pode dizer que eu contei. Prometi sigilo.

— Só me explique a técnica — devolvi.

Pronto! Saí com uma notícia única, em primeira mão! Graças à sorte!

A minha personalidade desabrochou. Tornei-me atirado. O meu hábito de leitura ajudava. Se queria falar com alguém, não adiantava me darem um chá-de-cadeira. Sentava-me com um livro na mão. Esperava duas, três horas. Vencia pelo cansaço.

Nem sempre era fácil. O diretor de redação era muito exigente. Não podíamos esquecer de fazer uma única pergunta. Era preciso imaginar o que passaria pela cabeça dele. Idade, sempre fundamental. As entrevistadas odiavam.

— Não tem nada a ver dizer minha idade!

— Mas... é uma exigência da revista!

Respondiam furiosas. Quando revelavam. Muitas vezes eu recorria ao departamento de pesquisas. Verificavam antigas publicações até conseguirem a data de nascimento! Nunca vou esquecer do dia em que, às três da manhã, Elio chamou um outro repórter e perguntou, com simplicidade:

— Quantas vezes bate o coração de um bezerro por minuto?

Parecia essencial para concluir o texto. Nem o pessoal da pesquisa descobriu. Unidos, achamos o telefone da casa de um professor da universidade. Com a maior cara-de-pau, o repórter ligou, em plena madrugada.

— Desculpe, eu sou repórter. Preciso saber quantas vezes bate o coração de um bezerro por minuto!

O professor esbravejou do outro lado.

— Eu pensei que fosse coisa séria, notícia ruim. A essa hora? É trote?

— Não senhor. Por favor, me ajude. Posso perder meu emprego. Só diga quantas vezes...

Por incrível que pareça, veio a informação.

O Prêmio Nobel também era complicado. Os cientistas agraciados costumam ser responsáveis por pesquisas de ponta. Era preciso ir à universidade e encontrar alguém que remotamente pudesse dar uma explicação. Depois, transformá-la em miúdos para os leitores. Bem... com nenhuma formação científica, era uma tarefa ingrata. Em geral, os doutores só tinham um leve conhecimento do trabalho dos vencedores. Mesmo assim, sentavam-me em uma cadeira diante do quadro negro. Começavam.

— Você sabe que o universo está em contínua expansão...

— É mesmo?

— As moléculas...

— Oh, sim, moléculas!

Depois de horas, conseguia escrever algumas linhas.

Era um trabalho fascinante. Eu me dedicava todas as horas do dia. Sempre tive um pendor para pesquisar a vida alheia. Fofocar, para dizer a verdade. Em certos aspectos, lembrava da época da pesquisa sobre calmantes, feita através de entrevistas pessoais. Conhecia gente de todo tipo: donos de galeria, esportistas, festeiros. Descobri restaurantes. Em um ano, recebi uma grande promoção. Tornei-me editor-assistente.

Mais que tudo: eu aprendia a me respeitar. Já não me comparava com colegas de escola, amigos encaminhados. Também encontrara uma carreira. Semana após semana eu batalhava por matérias, reportagens, notícias. E pela qualidade que a direção exigia.

Algo de bom desabrochou dentro de mim. Adquiri um novo equilíbrio. Segurança. Capacidade de luta. Busca de qualidade. Sem achar que era só ir empurrando o tempo com a barriga. Para ter sucesso, era preciso suar a camisa.

Na revista, eu me sentia parte do time.

Até que... bem, sim... chegou o momento do até que...

Um bichinho carpinteiro começou a se agitar dentro de mim. Às vezes eu não saía no fim de semana. Escrevia contos. Ou peças de teatro. Conhecia gente do *show biz*. Gostava de seu estilo de vida. Aos poucos, surgiu a vontade de escrever minhas próprias histórias.

Certa madrugada, estava na redação às quatro da manhã terminando a edição de uma reportagem.

Olhei em torno. Vários colegas trabalhavam. Para muitos, eu sabia, aquele era o caminho certo. Não pensavam em outra coisa, a não ser em notícias. Furos de reportagem. Eu era diferente.

Tive um clarão.

Durante toda a minha vida, aprendera a obedecer meu pai. Depois, meus professores. Em seguida, meus chefes. Mesmo na época de desemprego, eu só buscava alguém para me comandar. Descobri:

— Se eu for capaz de dedicar a mim mesmo todo o tempo e esforço que ofereço para a revista, vou realizar todos os meus sonhos!

Era preciso aprender a ser meu próprio chefe. A não desviar de meus propósitos!

Terminei o trabalho. Fui para casa. Mal dormi.

No dia seguinte, munido da mesma coragem com que conquistara o emprego, pedi demissão.

O dinheiro recebido era suficiente para me manter alguns meses. Depois de dois anos de revista, tinha uma profissão. Voltei a pegar trabalhos em regime de *free-lancer*. Mais bem pagos. Fiz reportagens para várias revistas. Também, em certa época, cheguei a montar uma pequena empresa de relações públicas. Fui para o outro lado: oferecia notícias dos clientes para a imprensa. A ideia era conseguir matérias falando do lançamento de produtos, tamanho das empresas. Durante todo o tempo livre, escrevia.

Mas as coisas não aconteciam. Escrevi uma peça, ofereci a um amigo diretor. Ele não respondeu nada a respeito. Tentei alguns contos. Um outro amigo escritor levou para ler. Não me telefonou mais. Procurei o ator e diretor de teatro com quem trabalhara na adolescência. Estava agora em uma grande emissora de televisão. Ele me recebeu com muita simpatia. Entreguei um roteiro. Quando telefonei, ele disse que seria preciso mexer no texto. Iria viajar para o exterior. Deveria procurá-lo quando voltasse. Nunca mais nos falamos. (Faleceu poucos anos depois, e até hoje lamento não ter ido falar com ele, nem que fosse para agradecer sua amizade.)

Eu precisava de indicações para editoras. Queria ser publicado. Tornar-me, enfim, um escritor. Lembrei-me de um crítico de cinema que conhecera na época em que fizera os figurinos do filme. Morava em outra cidade. Dividia a casa com dois outros intelectuais. Telefonei. Ele me hospedou. Entreguei os textos e pedi uma opinião. Nos dias seguintes, ele explicou que ainda não tivera tempo de ler. Um dia fui ao cinema. Quando voltei, os três estavam na sala, conversando. Riam das minhas frases.

— Ele escreve cada bobagem! — comentou um deles.

— Não dá nem para ler! — concordou o crítico.

Voltei atrás. Entrei novamente, fazendo barulho. Continuavam na sala. Percebi que me olhavam sem jeito. Simplesmente, não queriam dar a opinião.

No dia seguinte, voltei para casa. Refleti. De fato, perdera todos os concursos literários em que entrara.

Nunca conseguira montar uma peça. Cada vez que levava um texto para alguém, não recebia resposta.

Talvez não tivesse talento.

Sentei-me diante da máquina de escrever.

Eu já tivera coragem na vida, muitas vezes. Atravessara países de carona. Enfrentara o desconhecido. Lutara e vencera em uma das revistas mais importantes do país. Minha vida só sofrera revezes na fase em que tive medo. Quando fiquei choramingando por ter sido demitido da editora, depois da enciclopédia. Talvez, nada tivesse dado certo porque ficara esperando que alguém olhasse para mim e se curvasse perante meu talento. Ou que um golpe de sorte me desse dinheiro, sucesso, fama.

A revista me ensinara algo fundamental. Aprendera a lutar pelo que queria. Só não permanecera lá porque, embora gostasse, ainda sentia que não era meu lugar. Haveria, com certeza, um lugar à minha espera. Só não sabia onde. O caminho, porém, estava dentro de mim.

Botei papel.

Comecei a escrever uma nova história.

Talvez eu não fosse o escritor mais talentoso do mundo. Muitos dos meus conhecidos pareciam ter mais facilidade do que eu para criar histórias, textos bem trabalhados. Mas eu seria o mais teimoso. Escreveria até cansar. Até escrever bem. E mesmo que não tivesse sucesso, seria feliz. Porque havia tentado viver o meu sonho.

— Melhor tentar e não conseguir, do que desistir sem tentar — disse em voz alta.

Palavra a palavra, frase a frase fui escrevendo.

A cada linha, eu mergulhava na história.

Então, tomei a consciência de que seria um escritor. Não era um sonho de menino, ou vontade de ser famoso, simplesmente. E sim, paixão.

Enquanto mergulhava na história, eu sentia que os personagens faziam parte de mim. Suas risadas, minhas risadas. Suas lágrimas, minhas lágrimas.

Se não fizesse aquilo, faltaria um pedaço de mim.

Só quando a voz interior clama, é que se descobre.

Só quando não realizar um sonho significa perder uma parte de si mesmo é que se sabe.

Eu estava decidido a tudo, a qualquer sacrifício para ser escritor.

Paixão, eis a palavra.

Tive certeza.

Ser escritor. Esta era minha vocação. Meu sonho.

16. Felicidade

Os anos se passaram. Nem tudo foi um mar de rosas.

Muitas vezes voltei a trabalhar em revistas e jornais. Em outras, tive dúvidas, achei que não valia a pena tanto sacrifício. Pensei em desistir, ou escrever só de vez em quando. Viver de outra coisa.

Também deixei de fazer amigos, pois nem sempre saía às noites ou nos fins de semana. Perdi amores. Trabalhava às vezes em emprego fixo. Outras em casa. Sempre com o mesmo objetivo em mente.

Apesar de dúvidas eventuais, como disse, de hesitações, minha vocação iluminou o caminho como um farol.

Aprendi a fazer as escolhas. Batalhei. Não tive medo das idas e vindas, dos dissabores, dos problemas de dinheiro. Fui em frente.

Meu primeiro livro foi publicado algum tempo depois. Outros se seguiram. Depois, veio o teatro. Finalmente, a televisão.

O amor por escrever nunca me deixou.

Cada texto é um mergulho, uma viagem, uma aventura. Não importa se é livro, conto, crônica, peça teatral, roteiro de televisão. Eu amo todos os caminhos.

Tenho certeza. A realização profissional e até o dinheiro dependem da vocação. Quando a gente gosta de alguma coisa luta mais e luta melhor. A sensação de realizar um trabalho significativo, que contribui para o mundo de alguma forma, é o primeiro resultado para quem escolhe uma carreira movido por essa voz interior.

Nem sempre se vive essa vocação com tranquilidade. Tive muitos altos e baixos. Muitas vezes a tentação de buscar uma solução fácil aparecia. Porém, o que parece fácil se torna difícil quando não há um empenho real em realizar determinado trabalho. Glorioso ou humilde, tudo frutifica quando corresponde a um desejo interior.

Lutei. Como nas guerras, perdi muitas batalhas. Mas sempre continuei em frente.

Hoje, sinto um tremendo orgulho em ter apostado em mim mesmo.

Em enfrentar a vida e acreditar na minha vocação. Transformei minha vida na busca de um sonho. Um sonho que no início não tinha forma definitiva, que mudava de jeito como uma nuvem. Eu o persegui até enxergá-lo dentro de mim mesmo. A minha vida floresceu. Encontrei meu sonho e consegui transformá-lo em realidade.

Autor e obra

RÉGIS FILHO

Eis aqui um autor que gosta de mergulhar em vários tipos de texto. Nascido em 1951, em Bernardino de Campos, São Paulo, e criado em Marília, também no interior, Walcyr Carrasco escreve literatura, teatro e televisão. Filho de um ferroviário, João, e de uma pequena comerciante, Angela, tem dois irmãos, Airton e Ney. Sempre diz que sua sorte foi o estímulo que seu pai deu para a educação. "Meu pai acreditava que estudar era a única maneira de ter uma condição melhor de vida", relata Walcyr.

Hoje, reconhecido internacionalmente graças às novelas de televisão apresentadas em todo o mundo, Walcyr Carrasco conta que sua paixão pelos livros foi fundamental: "Comecei a gostar de ler muito cedo na minha vida. Os livros me deram o prumo e completaram minha educação. Eu não estaria onde estou se não fosse por eles."

Seus livros infantojuvenis já conquistaram a menção de "Altamente Recomendável" da Fundação Nacional do Livro Infantil e Juvenil. Entre suas principais obras, destacam-se: *A corrente da vida*, *Mordidas que podem ser beijos*, *O garoto da novela* e *Estrelas tortas*. Também se dedica às traduções e adaptações. Escreve teatro infantojuvenil e adulto, já tendo conquistado, com a peça *Êxtase*, o Prêmio Shell de Teatro, um dos mais importantes do país. Em televisão, é autor de várias novelas premiadas, de importância internacional, como *Xica da Silva*, *O Cravo e a Rosa*, *Chocolate com pimenta* e *Alma gêmea*.

Além dos livros, Walcyr Carrasco é apaixonado por bichos — tem dois cachorros —, por culinária e por artes plásticas.